突出重围

无罪辩护

朱明勇 总主编

清华大学出版社
北京

内 容 简 介

本书以人民法院的生效判决为准，整理、归纳出较有代表意义的典型案例，侧重辩护技术的阐释和分析，供专业人士及社会公众参考、学习，并以此彰显我国法治建设的成果。将这些经典的案件汇编成集，一方面记录了辩护技术对于实现个案正义的重要性，另一方面也是法治的进步在司法一线最直观的体现。

每一份无罪判决的作出都凝聚了四面八方的力量：当事人、律师、媒体工作者、司法工作者乃至社会公众，他们都为具体案件的公正处理作出了自己的贡献。这些，都是中国法治进程中踏实、有力的脚步。

图书在版编目（CIP）数据

无罪辩护. 突出重围 / 朱明勇总主编. —北京：清华大学出版社，2022.4（2025.5重印）
ISBN 978-7-302-59798-8

Ⅰ.①无… Ⅱ.①朱… Ⅲ.①律师—辩护—案例—中国 Ⅳ.①D926.5

中国版本图书馆CIP数据核字(2022)第001582号

责任编辑：刘　晶
封面设计：徐　超
版式设计：方加青
责任校对：王荣静
责任印制：丛怀宇

出版发行：清华大学出版社
　　　　网　　　址：https://www.tup.com.cn，https://www.wqxuetang.com
　　　　地　　　址：北京清华大学学研大厦A座　　　　邮　　编：100084
　　　　社 总 机：010-83470000　　　　　　　　　　邮　　购：010-62786544
　　　　投稿与读者服务：010-62776969，c-service@tup.tsinghua.edu.cn
　　　　质 量 反 馈：010-62772015，zhiliang@tup.tsinghua.edu.cn
印 装 者：三河市东方印刷有限公司
经　　销：全国新华书店
开　　本：170mm×240mm　　　印　　张：11.5　　　字　　数：156千字
版　　次：2022 年 5 月第 1 版　　　印　　次：2025 年 5 月第 4 次印刷
定　　价：69.80元

产品编号：095186-01

2020 年，各级人民法院审结一审刑事案件 111.6 万件，判处罪犯 152.7 万人。

依法宣告 656 名公诉案件被告人和 384 名自诉案件被告人无罪。

——摘自《最高人民法院 2020 年工作报告》

序言

　　2015年，由中国案例法学研究会、清华大学法学院和清华大学出版社联合发起的无罪辩护经典案例征集活动正式启动。2017年开始，该活动由中国政法大学刑事辩护研究中心具体承办。该项活动在刑事司法领域形成了一定的影响力，无论是在理论研究还是司法实践方面都有其巨大的贡献。我们将每个年度具有代表性的案例汇编成书，其中2015至2017三个年度的案例结集分别在清华大学出版社和中国政法大学出版社出版。

　　本书结集的是2020年度的典型无罪辩护案例。本次出版，我们对这些案例均进行了专业点评和分析，从刑事司法理念的高度和刑事司法政策变迁的视角逐一解剖这些辩护案例所具有的独特价值。

　　这几年恰逢刑事司法改革的重要年份：认罪认罚制度的确立，刑事法律援助机制的成熟，类案检索制度的倡导，庭审实质化司法改革精神的落实都对具体的刑事辩护工作产生了重要影响。

　　案例研究本就是刑事司法研究的一种重要方法，加之上述措施的叠加效应，使得个案研究的价值和意义更为凸显。

　　认罪认罚制度确立后的刑事辩护何去何从？法律援助机制与刑事辩护全覆盖的对接，类案检索与同案不同判的实践，庭审实质化与二审不开庭的常态化都是学界热议的话题。新的形势下，刑事辩护的方向该如何调整，程序正义的价值该如何体现也成为刑事辩护领域不可回避的话题。

　　高利贷入罪，催收非法债务罪名的增加等一系列刑法修正案内容的实施，的确给刑事辩护工作带来了前所未有的挑战。

比如高利贷催收涉及的系列问题，有的法院认为高利贷可以按照民事纠纷处理，有的法院则按照刑事犯罪处理。在刑事犯罪方面，有的法院判虚假诉讼罪，有的法院判诈骗罪。针对催收问题，有的法院判寻衅滋事罪，有的法院判非法拘禁罪。即便是《刑法修正案（十一）》出台后，各地法院的判决依然差别很大。那么，一个新的问题就自然而然地暴露出来：同案不同判。

对于刑事辩护律师来讲，除了同案不同判，辩护的基本思路确立、具体方案敲定、效果预判以及当事人的认可和接受程度也是常常遇到的难题。

从满足现实需求的角度来讲，我们筛选出来的这些案例，是否具有典型意义就显得尤为重要。也正是基于此，我们尽量保证这些案例可以从各个不同的维度给读者提供一些思考。

刑事辩护事实上是一场智慧与知识的角逐，也是一场权利与权力的博弈，它本身所体现的天然的程序正义价值本不容置疑。但是，不可能每一场辩护都是成功的。从近年来最高人民法院公布的数据来看，每年度公诉案件的无罪判决的比例呈现下降趋势；同时最高人民检察院的报告又体现出不起诉案件的比例出现了较大的上升。这也意味着，无罪辩护的方式发生了变化。

从纯粹学术的角度看，将触角伸向无罪案例研究的学者少之又少，这是一种值得关注的现象。

学术研究要为社会实践提供智力支持。我们不能因为无罪案例比例低的现状而忽略了无罪辩护这个领域。因为我们都知道，无罪推定、疑罪从无这些刑事司法的基本原则和刑事案件被告人、辩护律师的基本权利息息相关。

我们欣喜地看到，这几年来越来越多的律师开始关注刑事辩护，越来越多的刑事辩护律师开始关注无罪辩护，更难能可贵的是一线刑事辩护的法庭上出现了越来越多的高学历、高水平，具有丰富工作经验的律师。他们通过精湛缜密的证据分析、严谨熟练的法律解释、进退有据的辩护策略以及高度负责的敬业精神，不仅在法庭上赢得了案件胜诉的结果，还在法庭之外收获了法律职业共同体的认可。

当然，我们也清醒地看到，在以审判为中心、庭审实质化司法改革背景下，一审庭审形式化、二审庭审书面化的现象在一些地方仍然存在。此外，内审制度、个案请示制度也有泛化的趋势。还有一些司法制度中本已经确立的证人出庭制度、当庭宣判制度等普及力度仍需加强。

在这些成功的无罪辩护的案件中，程序上，几乎每一起案件都有辩护律师在程序上的坚守和努力；实体上，还有一些案件涉及一些模棱两可的罪名，有的是口袋罪，有的是民刑不分，有的则是拔高凑数，还有的是受到了事实、证据之外的因素的影响。

不管从哪个角度来说，个案辩护涉及的更多的是具体的辩护策略和辩护技术。这些策略和技术因辩护律师而异、因案件具体情况而异，也无法完整地体现在体系化的法学教育中。也正因为如此，我们所能想到的是寻找、发现每一个时期、每一个特定阶段中，那些获得无罪结果的案例，并通过对这些具有代表性的案例的深度剖析，总结出一条路径或者一种方法，以此反推出那些藏在案例中的经验、技术，并从中体味程序正义本来的意义。

对我们的司法实践和学术研究而言，这无疑是一项具有深远意义和价值的工作，从案例征集、遴选，到细节剖析，其中的每一步都不容易。这些案例里的人，他们经历的时光与我们同步；这些案例彰显的精神，与时代同步。

通向未来的路，就在我们脚下。

愿正义长存。

是为序。

朱明勇

2022 年 4 月 1 日

目录

项目做完未中标　维权反被控敲诈

刘　万　刘清平

回顾

2008年5月12日汶川大地震，四川有很多房屋倒塌，国土资源部为了支持灾后重建工作，专门出台政策，允许把倒塌房屋所占用的土地进行整理，将节约下来的指标进行土地流转。四川省剑阁县国土资源局（以下简称国土局）为了获得土地流转指标，前期通过招投标的方式选取了一家公司从事土地整理立项工作，但没有成功。

陈华强（化名）是四川正地勘测设计有限公司（以下简称正地公司）的股东和实际控制人，正地公司在土地整理方面专业能力突出。2009年，国土局与正地公司达成一致意见，口头约定由正地公司通过招商引资的方式，在剑阁县实施土地整理项目，但对前期立项费用未单独进行约定。为帮助剑阁县国土局成功申报立项"土地增减挂钩项目"（以下简称增减挂钩项目），正地公司进行了大量的工作，如现场踏勘、资料收集、整理，编制申报立项资料，协助申报立项等，最终为剑阁县获取了2375亩土地流转指标。

2012年，国土局改变主意，决定公开招投标，即对项目的"立项、施工、验收"进行招标。招标文件规定，"前期立项费用为150万元"，正地公司参与投标但并未中标，陈晓旭（化名）实际控制的公司中标，并私自使用正地公司实际参与申报的立项成果施工。

后陈华强要求国土局支付前期立项费用，国土局推诿，并让陈华强找陈晓旭协商；但陈晓旭只认可招标文件规定的 150 万元，陈华强不同意该价格，各方未能就价格达成一致意见。之后，陈华强向省、市、县纪委反映情况，要求督促解决费用问题。陈晓旭最终向陈华强支付了 300 万元，陈华强多收取 150 万元，被认为涉嫌敲诈勒索。

此后，因国土局副局长、国土规划股股长、中标人陈晓旭及其合作伙伴在项目中存在其他犯罪行为，均被判处刑罚。

✷ 案件

陈华强在配合某监察委调查其他案件的过程中，对自己涉嫌敲诈勒索做了有罪供述，某监察委和剑阁县人民检察院均以敲诈勒索罪向剑阁县公安局移送案件线索，剑阁县公安局以敲诈勒索罪对陈华强立案，并于 2018 年 11 月 23 日对陈华强刑事拘留，其后陈华强被批准逮捕。

剑阁县人民检察院认为，陈华强在应得 150 万元立项费用的情况下，以向纪委控告举报的方式相威胁，多收取陈晓旭 150 万元，涉嫌敲诈勒索罪。后剑阁县人民检察院向剑阁县人民法院提起公诉，并建议量刑 10 年以上。

起诉书指控：2010 年，被告人陈华强所属的正地公司受剑阁县国土局委托在剑阁县开展城乡建设用地增减挂钩项目的编制实施规划，2011 年该项目经四川省国土资源厅批复通过。2012 年剑阁县开始实施该项目，剑阁县国土局对该项目进行公开招投标，为了保障被告人陈华强前期编制实施规划利益，国土局在招标文件中约定项目立项及省土地整理中心踏勘费用共计 150 万元。陈华强对该 150 万元的费用表示认可，其实际控股的正地公司也参与了招投标，但因投标文件不规范未能中标，该工程最终由陈晓旭控制的公司中标。

2012 年 6 月的一天，被告人陈华强以举报增减挂钩项目有问题为名，找到时任国土局局长唐某元，并告知唐某元其已向省纪委举报增减挂钩项目，以此要求增加其公司前期编制规划费用，否则将会继续上告，唐某元安排时任国土局副局长蒲某强协调处理。在蒲某强的办公室，陈华强拿着举报材料要求增加增减挂钩项目前期编制规划费用至500万元，陈晓旭未答应，后双方在蒲某强的协调下，为保证工程的顺利实施，陈华强同意不再四处举报，陈晓旭无奈之下也答应在招标文件规定的应当支付给正地公司的150万元基础上再多向陈华强支付150万元。后陈晓旭分三次共计向陈华强支付300万元：一次是直接向正地公司账户转账150万元，后两次是向陈华强的私人账户共转账150万元。

2018年11月23日，陈华强被剑阁县公安局抓获归案，后被检察院提起公诉。检察院认为，陈华强以非法占有为目的，使用威胁的方法，强行索要他人财物，数额特别巨大，应当以敲诈勒索罪追究其刑事责任。

北京大成（成都）律师事务所接受陈华强近亲属的委托，指派刘万律师担任其涉嫌敲诈勒索案件的辩护人，为他作无罪辩护。

详细辩护理由如下。

敲诈勒索罪，是指行为人以非法占有为目的，对他人实施威胁致使对方产生恐惧心理，对方基于恐惧心理处分财产，行为人获得财产的行为。

陈华强没有非法占有的目的，不具有敲诈勒索的前提条件，也没有实施敲诈勒索的客观行为；陈晓旭没有基于陈华强的行为产生恐惧心理，故陈华强的行为不构成敲诈勒索罪。

一、陈华强没有非法占有的主观故意

（一）陈华强及正地公司在涉案项目的立项过程中，投入了大量的人力物力，收取投资回报具有正当性

本案证据证实，正地公司在剑阁县增减挂钩项目中，对剑阁县数十个乡镇进行走访调查、勘查测量，历时半年左右，投入人力上千人次，并在项目实施过程中，付出了大量的人力物力，故正地公司要求收回投资回报

系正常的行为，没有非法占有他人财物的主观故意。

（二）不能以招标文件确定的 150 万元作为陈华强应当收取的投资回报数额

1. 招标投标活动本身具有非法性。

本案中，陈晓旭与王某泉、陈某兵、蒲某强具有串通投标的行为，具有行贿受贿的行为，尤其是蒲某强、陈某兵具有滥用职权的行为，故招标投标行为本身具有非法性，以招标文件确定的 150 万元作为陈华强应当获得的投资回报数额不具有正当性。

2. 本案证据无法证实陈华强参与协商招标文件，无法证实陈华强认可 150 万元的立项费用。

第一，陈华强在公安机关的供述中，一直未认可其参与协商招标文件的制定，未认可其同意其此前编制立项工作的费用为 150 万元。

第二，蒲某强 2018 年 11 月 27 日的笔录记载："在第一次招标之前，就由陈华强、王某全、陈某兵他们一起在陈华强的主导下决定了这个 120 万元的前期规划编制费用及 30 万元的踏勘费用……"蒲某强 2019 年 6 月 13 日的笔录记载："当时立项、规划设计费用是参照其他区县的情况确定的，一个项目 30 万元，我们剑阁县是 4 个项目，就是 120 万元，陈华强也没有反对。"由此可见，蒲某强的证言清楚表明，陈华强没有参与价格设定的相关会议及谈判。

第三，王某全 2018 年 11 月 29 日的笔录记载："国土局本意就是让他（陈华强）来做，所以在拟定招标文件时陈华强就与国土局规划股的陈某兵商定好前期立项的费用是 120 万元加 30 万元的国土厅土地整理中心踏勘费用，他们商定好后就告诉我，我就把这个数目写进了招标文件……"王某全 2018 年 12 月 4 日的笔录记载："又过了一段时间，我还有蒲某强、陈某兵、（陈华强在没在现场我就忘记了）在剑阁县下寺镇一个茶楼里面见面，当时我就只记得是蒲某强告诉我，为了保障陈华强的利益，让我把中标单位中标后必须支付 150 万元的费用写进了招标文件。"由此可见，王某全的证言无法证实陈华强参与了价格的设定。

第四，陈某兵 2018 年 12 月 5 日的笔录记载："我们国土局定的立项费是 120 万元，国土厅土地整理中心的踏勘费用是 30 万元。""这个费用是我们国土局参照其他县局项目的立项费用定的。""是由时任国土局局长唐某元、副局长蒲某强和我三个人商定的。"陈某兵 2019 年 4 月 10 日的笔录记载："2012 年 1 月，在制定招标文件时，是由我、陈某强、王某全、蒲某强在建设局二楼的月畔湾茶楼一起商量的，当时这个价格是参照苍溪县单个项目立项费用来设定的，陈华强也没有反对这个金额的设定。"陈某兵 2019 年 6 月 14 日的笔录记载："我当时打电话问的苍溪县国土局，他们单个项目是 30 多万元，我就参照苍溪县的价格，给领导汇报最终决定的是 30 万元。"

陈某兵第一次证言称是国土局定的立项费用，第二次证言称是陈华强、王某全、蒲某强、陈某兵四人在茶楼商定的费用，而且是参照苍溪县的价格设定的费用；第三次证言称是参照苍溪县的价格，给领导汇报定的价格。故陈某兵第一次和第三次证言证实陈华强没有参与价格的商定；其第二次证言称与陈华强等人在茶楼商量确定的价格，该证言系孤证，且与其前后证言矛盾，也与蒲某强、王某全、陈华强等人的证言矛盾，亦被自己之后的第三次证言予以了否定，故陈某兵第二次证言缺乏真实性，不应当被采信。

事实上，本案中陈华强、陈晓旭的证言均证实，在陈晓旭控制的公司中标后，陈晓旭还在找陈华强商讨使用陈华强公司的项目资料，但双方未就价格达成一致意见，该行为也证实陈华强并未认可其公司所立项目的费用为 150 万元。

综上，本案证据无法证实陈华强参与协商招标文件的制定，更无法证实陈华强同意前期规划立项费用为 150 万元；相反，陈某兵的证言非常清楚地证明该 150 万元费用的制定就是国土局的行为，与陈华强没有关系。

3. 蒲某强等人称陈华强知晓该价格且没有反对，蒲某强等人对于该案件事实不具有证人资格，其证言不具有证据效力。

蒲某强 2019 年 6 月 13 日的证言称：当时立项、规划设计费用是参照其他区县的情况确定的，"一个项目 30 万元，我们剑阁县 4 个项目就是 120 万元，陈华强也没有反对"。

陈某兵 2019 年 6 月 14 日的证言称："我就参照苍溪县的价格，给领导汇报，最终决定的是 30 万元，并且这个陈华强是知情的，他也没有反对。"

证人必须是知道案件情况的人，如前所述，陈华强并没有参与价格的商定事宜，故陈华强不可能从谈判中知情；且本案也没有证据证明知情人将价格情况告知陈华强，故陈某兵、蒲某强证言缺乏合理的来源，该二人对于陈华强是否知晓价格的案件事实不具有证人资格，其相关证言不具有真实性，不具有证据效力。

4.《招标文件》针对的是整个项目的全程招标，与陈华强公司参与的立项不是同一个项目，不能以招标文件确定的价格作为陈华强前期立项的计价依据。

《招标文件》第 2.4 条确定了招标范围：剑阁县城乡建设用地增减挂钩工程编制项目立项至获取挂钩周转指标的全部工作内容。《合同》第 1 条规定了本项目工作内容：第一阶段，根据本项目的实际情况，在全县域范围内踏勘调查、编制项目实施规划、编制立项材料组件并上报省国土资源厅取得审批、立项（项目实施地点及项目个数乙方自行组合）。

故《合同》和《招标文件》均证明，国土局的招标项目与陈华强前期立项的项目并非同一项目，不能以《招标文件》确定的价格作为陈华强应当获得的投资报酬。

5. 实施中的客观行为，也证明招标的项目与陈华强公司所立项目并非同一项目。

陈晓旭 2019 年 6 月 13 日的证言称："陈华强这个项目没有做成就想多要钱，所以就不把前期做的所有资料提供出来，之后我通过自己的关系在国土厅拿出了这个项目的备案资料。"

本案中，陈华强所在公司前期立项项目的申报单位为剑阁县人民政府，项目实施单位为剑阁县国土局，陈华强所在公司在资料编制完成后，相关资料交由剑阁县人民政府、剑阁县国土局申报立项，故剑阁县人民政府、剑阁县国土局保存有立项的全部资料。如招标项目与陈华强公司所立项目为同一项目，则剑阁县人民政府、剑阁县国土局应当将项目资料交由施工单位；但本案证据证明，剑阁县人民政府、剑阁县国土局并未将陈华强公司所立项目的资料交由陈晓旭，这些资料是陈晓旭通过其个人关系在国土厅以非正常途经获取的。

剑阁县人民政府、剑阁县国土局拒绝将项目资料交由施工单位，陈晓旭通过非正常途径获取项目资料的事实，也证明招标的项目与陈华强公司所立项目并非同一项目。

6. 招标是对整个项目全过程招标，每一个单项报价并不必然反映该单项的真实价格。

招标是对整个项目全过程的招标，故投标人投标时考虑的是项目整体能否盈利，至于每个单项是否能够盈利并不具有决定性因素。如大多数早餐店，吃包子、馒头则泡菜免费，我们不能据此认定泡菜的价值为零。

本案中，涉案项目总合同价格近6000万元，有巨大的利润空间，前期立项是否具有利润并不是投标人考虑的决定性因素。

7. 与周边同类型项目相比较，前期立项费用300万元的价格相对偏低，陈华强收取300万元具有正当性。

在类似项目中，如南充市、梁山县等地当时的价格每亩在2000元左右，自贡市每亩甚至高达5000元，陈华强在涉案项目中收取的费用只有1200元每亩，其收取的费用显然偏低，故陈华强总计收取300万元具有正当性。

8. 为保障陈华强的利益，将150万元的数额规定于招标文件，不具有合理性。

第一，如果确保陈华强中标，则招标文件没有必要将前期立项进行拆分，没有必要约定 150 万元的前期费用。

第二，如果陈华强意识到自己可能无法中标，为了保障其前期利益，则价格显然不应当只约定为 150 万元，而是会大额提升。

二、本案没有敲诈勒索的客观前提

本案的指控思路为：涉案项目中存在违法情况，陈华强知晓该违法情况，并以向相关部门告发为由相威胁，以达到非法索取财物的目的。但在本案中，陈华强自身实施的项目前期立项不存在违法情形，其也不知晓陈晓旭公司后来负责的项目是否存在违法情况，其无法利用违法情形实施威胁，不具有敲诈勒索的前提条件。

1.陈华强实施的前期立项，项目是合法合规的，不存在任何违规情况。

起诉书指控陈华强公司的前期立项工作中，将已复垦的地块纳入规划，并有《检测报告》为证。辩护人认为该指控不成立。

（1）《检测报告》无法证明陈华强在项目规划中将已经复垦的地块纳入规划中。

第一，报告依据的影像时间为 2011 年到 2012 年 4 月，分辨率为 0.5m 的卫星数字正射影像，但陈华强公司的现场踏勘在 2010 年底就已经结束，即 2011 年之后的卫星数字影像无法证实 2011 年之前地块具有复垦的情况。

第二，报告的检测依据包括经审批的项目实施规划及变更实施规划文件，但所谓已经复垦地块是依据变更前的规划还是变更后的规划并不明确，但在本案中，变更前的规划系陈华强公司编制，变更后的规划系陈晓旭控制的公司编制，即检测报告无法证实所谓的已复垦地块纳入规划是陈华强公司所为还是陈晓旭公司所为。

第三，报告认定复垦与否的判定原则错误，无法得出是否复垦的结论。报告的判定原则（2）：对照 2011 年到 2012 年 4 月 0.5m 分辨率卫星数字影像，规划区地块范围内完全没有建筑物，判定该地块为规划前已复垦地块。

建筑物是人造的、相对于地面固定的、有一定存在时间的，且是人们要么为了其形象、要么为了其空间使用的物体；倒塌的房屋显然不属于建筑物，《检测报告》将没有建筑物判定为已复垦，显然错误。

2008年5月12日汶川大地震造成大面积房屋倒塌，原国土资源部为保障汶川特大震灾后恢复重建而制定特殊支持政策，颁发国土资发〔2008〕119号文件，该文件的核心意思就是将"农户已经倒塌房屋所占地块具备复垦条件的，纳入建新拆旧规划"。《检测报告》将没有建筑物判定为已经复垦，否定倒塌房屋可纳入建新拆旧规划，显然与原国土资源部文件抵触，不具有合法性。

（2）蒲某强、王某林、胡某东、陈华强的证言均证实倒塌房屋仍需要施工才能达到复垦标准，本案证人无法证实项目立项存在违规问题。

2. 假定项目立项存在违规情形，也是陈华强公司的违规，与陈晓旭公司不具有关联性，无法威胁到陈晓旭。

本案证据证实，项目前期立项工作系陈华强公司独立完成，假定项目存在违规问题，也系陈华强公司的违规，与陈晓旭公司不具有关联性。即使因违规而受处罚，责任方也应为陈华强公司，而不可能追究陈晓旭及其公司的责任。

同时，实施规划可以进行变更，本案中陈晓旭公司也确实对项目实施了变更，假定陈华强将已经复垦地块纳入规划，陈晓旭也有机会予以调整补救，而不会影响到项目的整体规模，更不会影响到陈晓旭的经济利益。

3. 如项目真存在违规情形，陈华强公司也会因为没有收回投资回报，而不敢进行举报控告。因为如果陈华强举报称项目将已经复垦的地块纳入规划中，势必会导致主管部门对举报情况核实，陈华强公司所立项目就会面临不可预知的风险，甚至可能导致项目被取消，陈华强公司将无法收回数百万元的投资回报。

4. 项目是否有其他违规情形，陈华强并不知晓，所以其无法利用违规情况实施威胁。

陈晓旭公司在变更规划中是否存在违规情况，在施工验收过程中是否存在违规情况，在招投标过程中是否存在违规情况，或者是否有其他违规情况，陈华强无从知晓，故其无法利用其他违规情况对陈晓旭实施威胁。

三、陈华强没有实施敲诈勒索的客观行为

（一）本案中陈华强不具有向省、市、县纪委举报的行为。剑阁县纪委出具的《情况说明》证实，陈华强没有向省、市、县纪委举报的行为

蒲某强等人声称陈华强曾向纪委举报，但本案并无任何向纪委举报的材料，更无法证实举报材料系陈华强所制作，蒲某强等人的说法完全没有事实根据。加之蒲某强等人不具有证人资格，其证言更不具有可采性。

同时，举报材料属于国家秘密，向纪委举报的材料，纪委应当依照规定办理，不可能向国土局、陈晓旭等被举报人泄露；故蒲某强不应当也不可能知晓举报情况，其所谓的"举报"完全属于主观臆测。

而且，本案也没有关于举报材料的任何处理结果。

如果陈华强与陈晓旭在 2012 年 6 月就达成了一致意见，则陈兵所称的 2012 年 9 月的举报也不可能系陈华强所为。

（二）本案证据无法证实纪委签批的材料系举报材料

2012 年，陈华强拿着纪委签批的材料到剑阁县国土局，蒲某强组织陈华强和陈晓旭就前期立项费用金额予以调解。蒲某强等人称该材料为举报材料，且描述了举报材料的主要内容，辩护人认为该材料不属于举报材料，蒲某强等人的证言不具有真实性。

1. 唐某元曾作证说其没有看到过举报材料。

2. 蒲某强 2018 年 10 月 12 日的笔录记载："陈华强来了后就先给我看了他的举报材料，他说是省纪委领导、市纪委领导，还有县纪委王某贵书记签字的批示，材料上反映的一是招标过程有问题，二是这个项目前期

的规划设计中有 500 余亩是不用复垦的。"蒲某强 2018 年 11 月 27 日的笔录还记载："我记得有两个方面，一是陈华强组织人员对这个项目的资料和影像资料……"

3. 陈晓旭作证："我也看到材料上有领导签字，里面的具体内容我没有翻看。"

4. 陈某兵 2019 年 4 月 10 日的笔录记载："……我大概翻了一下，看到的内容就是陈华强的公司在这个项目上之前做了很多事情，但是没有拿到报酬……"

综上可知，唐某元没有看到举报材料，陈晓旭没有翻看材料内容，该二人无法证实材料系举报材料。陈某兵的证言与真实情况一致，这也证明材料里面并没有任何举报事宜。而蒲某强的证言系孤证，且与真实情况不符，也与陈晓旭证言矛盾，并且没有其他证据予以印证，故本案证据无法证实纪委签批的材料系举报材料。

（三）现有证据证实，纪委签批的材料系情况汇报，并非举报材料

辩护人所举示的证据如下。

1. 四川正地公司存留加盖公司公章的《汇报材料》原件一份，该原件的形成时间为 2012 年 12 月 10 日，该原件与各级纪委签批的复印件内容及排版完全一致。

2. 成都市公安局金牛区分局的《印章销毁证》，证明《汇报材料》加盖的印章已经于 2014 年 6 月 10 日销毁，这证明《汇报材料》不可能是后来伪造的，《汇报材料》系客观真实的。

3. 四川正地公司的财务资料，证明陈华强于 2012 年 12 月 26 日到达广元市，12 月 28 日从剑阁县返回成都，与时任广元市纪委书记陈某泉的签批时间 12 月 27 日吻合。

4. 辩护人申请调取的陈某泉书记、王某贵书记以及蒲某强的工作记录，记录记载的内容与该事件亦是吻合的。

5.陈晓旭2012年12月28日从广元市到达剑阁县，其中涉及的谈判费用的事情，及其通行记录等细节与该事件吻合。

上述证据足以证明：纪委的签批材料实质就是一份《汇报材料》而不是蒲某强等人所谓的举报材料。

《汇报材料》的内容主要有三点：（1）核查实施的项目是否为四川正地公司协助申报立项的项目；（2）是否存在将四川正地公司的工作成果私相授受的事实；（3）要求剑阁县国土局与四川正地公司协商谈判工作经费的问题。

综上，《汇报材料》不带有任何举报的性质。

（四）本案证据无法证实陈华强将继续告发

起诉书指控："2012年6月的一天，被告人陈华强以举报增减挂钩项目有问题为名，找到时任剑阁县国土局局长唐某元，告知其已向省纪委举报增减挂钩项目，要求增加其公司前期编制规划费用，不增加将会继续上告。"

针对该项指控，辩护人认为：（1）该指控仅系唐某元一面之词，为孤证，没有其他证据予以印证。（2）唐某元并未将陈华强继续举报的意思转告蒲某强，蒲某强也没有将该意思转告给陈晓旭。假定陈华强有此言论，因该言论也并未到达受害人处，故不可能对受害人产生心理上的威胁。（3）本案证据证实，陈华强并未向各级纪委举报，唐某元称陈华强已经举报的证言缺乏真实性，继续所谓的举报也无从谈起。

（五）本案蒲某强、陈晓旭、陈华强的证言证实，谈判当天陈华强和陈晓旭的言行如下：陈华强先行到达蒲某强的办公室，陈晓旭到达蒲某强的办公室后直接问陈华强要多少钱，此后双方就一直在协商价格问题，并没有任何威胁的言行

涉案人员的前述证言前文已有摘录，此处不赘。

四、陈晓旭也并未受陈华强威胁

1. 陈华强系找剑阁县国土局协商谈判工作成果费用，并没有要求陈晓旭支付费用。

本案证据证实，陈华强公司是经过剑阁县国土局同意到剑阁县开展立项工作的，陈华强公司也向国土局提交了符合要求的工作成果，故陈华强公司收取相应的费用是理所当然的。

换言之，即便这个项目后期未实施、未验收、未给剑阁县创造价值，但只要陈华强公司提供了符合要求的工作成果，就应当获取相应的费用。

陈华强公司编制的《汇报材料》记载："我方要求剑阁县国土局与我公司协商谈判我公司组织申报成果项目的工作经费问题。"同时，唐某元作证："我当时在电话里给陈华强说，这个事情应该找中标方协商，我让他去找蒲某强协调。"该证据证实：陈华强要求的是剑阁县支付工作成果费用，而不是要求陈晓旭支付费用，让陈晓旭支付费用是国土局的行为。

2. 陈华强在要求支付费用之前，并不肯确定是否由陈晓旭使用其工作成果，也不确定其工作成果是否已被使用。

陈晓旭公司中标后，陈华强曾要求陈晓旭公司支付费用，但陈晓旭以陈华强并未向其提供工作成果为由予以拒绝。本案证据证实，陈晓旭公司系通过陈晓旭妹妹获取的备案资料，故陈晓旭否认使用陈华强公司成果。陈华强公司编制的《汇报材料》记载："调查是否存在将我公司组织完成的2010年获得批复灾后重建挂钩项目工程私相授受行为，"这也证实陈华强并未肯定陈晓旭公司使用其工作成果。

陈华强在无法肯定陈晓旭公司使用其工作成果的前提下，也不可能以陈晓旭使用其工作成果为由向其索取费用。事实上，陈华强系要求剑阁县国土局支付费用。

3. 陈晓旭2019年6月13日的笔录记载："蒲某强就给协调这个事情，

说陈华强已经写了材料，找了纪委，并且我也看到了这个材料上的领导签字，材料里面具体内容我也没有翻，我就给蒲某强说这个事情我坚持只给招标文件上的 120 万元，其他的不干，蒲某强就说为了这个项目的顺利实施，大家还是往拢里说，我就说最多 300 万元。"

陈晓旭该证言清楚证实：即便蒲某强说陈华强已经找了纪委且纪委也签批了材料，陈晓旭仍然坚持只给 120 万元；其后陈晓旭之所以同意支付 300 万元，还是基于蒲某强协商的结果；故陈晓旭根本没有受到陈华强言行的威胁。

五、本案指控逻辑错误，且矛盾重重，在案证据不能达到定罪的标准

1. 本案公诉机关的指控逻辑是：陈华强以项目存在违规为由，向纪委举报控告，威胁陈晓旭多支付 150 万元。

第一，对于已经举报控告的事实，接下来是纪委如何查处的问题，陈华强不能左右纪委是否查处及如何查处。故已经举报控告的事实，从法理上来讲不应当再对受害人具有威胁性，不能再成为敲诈勒索的手段。

第二，如要继续举报控告，须有可供控告举报的新的事实，本案中一是没有证据证明陈华强将向纪委举报控告，二是没有证据证明陈华强在当时还掌握可供其举报控告的新的违纪违法事实。

故公诉机关指控陈华强将已经向纪委举报的事情拿来威胁陈晓旭，该指控逻辑错误。

2. 项目实际施工人为陈晓旭、王某林、冯某平，三人共同承担项目费用，如陈晓旭果真被陈华强敲诈勒索，通常情况下应告知其合伙人王某林、冯某平，但本案中并无王某林、冯某平提及陈晓旭被敲诈勒索的任何证据，显然不符合常理；且三人对项目自负盈亏，陈晓旭称预埋件在王某林的碗泉乡项目，则陈晓旭、冯某平就不应当承担所谓多出的 150 万元，但三人

并未就该 150 万元产生任何争执，也反过来证明陈晓旭并没有受到任何威胁。

3. 在费用协商过程中，双方进行了多次的讨价还价；在费用的支付过程中，陈晓旭也一直拖欠，陈华强公司还通过发律师函的方式予以催收；如陈晓旭果真受陈华强的威胁，其根本就没有讨价还价的余地，更不可能逼迫陈华强公司通过发律师函的方式予以催收。

4. 陈晓旭等人的案件爆发系审计发现问题后，被移交给司法机关的；如陈华强多次举报，则陈晓旭等人早就应当被查处，而不可能等到审计发现问题才被查处；且陈晓旭等人被查处后，如陈华强果真对其实施过敲诈勒索，则陈晓旭举报陈华强的犯罪行为可成立立功，有助于其从轻处罚。事实上陈华强并未举报，这也说明陈晓旭根本就没有遭受敲诈勒索。

综上，陈华强没有非法占有的主观故意，没有实施敲诈勒索的前提条件和客观行为，陈晓旭也没有遭受到威胁，且本案指控逻辑错误、矛盾重重，证据严重失实，无法证实陈华强构成犯罪。

最终，剑阁县人民法院采纳辩护意见，并于 2020 年 4 月 17 日宣告陈华强无罪。

法院认为，敲诈勒索罪，是指以非法占有为目的，对他人实施威胁、要挟行为，索取公私财物数额较大或者多次敲诈勒索的行为。行为人在主观上必须具有非法占有的目的，客观上实施了威胁、要挟行为，被害人基于威胁、要挟行为产生心理恐惧，从而处分财产，使其自身遭受财产损失。本案中，判断被告人陈华强的行为是否构成敲诈勒索罪，需要结合犯罪主、客观方面综合予以判断。

一、被告人陈华强主观上是否具有非法占有的目的

公诉机关认为，被告人陈华强明知招投标文件中约定的前期实施规划费用为 150 万元，使用威胁、要挟手段向他人索取 300 万元，索取费用金

额超出约定金额，其主观上具有非法占有的目的。被告人及辩护人认为，陈华强实施了增减挂钩项目的前期实施规划编制，陈晓旭未经同意使用正地公司成果，属侵权行为，应当支付费用。同时，双方在剑阁县国土局的主持下，经过协商一致达成了支付 300 万元的口头协议，事后陈华强根据协议收取 300 万元，其主观上不具有非法占有的故意。

法院认为，被告人陈华强主观上不具有非法占有的目的，理由如下。

第一，正地公司与剑阁县国土局之间存在合法的债权债务关系。正地公司根据剑阁县国土局的委托完成了剑阁县土地增减挂钩项目前期实施规划编制工作，在实施过程中花费了人力和物力，剑阁县人民政府依据正地公司完成的项目实施规划编制资料向省国土资源厅申报并获批复，剑阁县国土局作为前期实施规划编制的委托方，应当向正地公司支付费用。

第二，被告人陈华强向陈晓旭所在公司及剑阁县国土局索要前期实施规划编制的费用合理合法。陈晓旭所在公司在实施土地增减挂钩项目过程中，未实施合同规定的第一阶段的规划编制工作，在与剑阁县国土局签订了《剑阁县城乡建设用地增减挂钩工程项目补充协议》后，直接开展增减挂钩项目第二阶段和第三阶段的工作。但该公司在未就前期规划编制费用与正地公司、剑阁县国土局达成一致协议的情况下，通过其他途径获取并使用了正地公司的实施规划资料，侵犯了正地公司的合法权益，正地公司请求支付费用的诉求合法。

第三，在实施前期项目实施规划编制工作中，正地公司与剑阁县国土局并未商定前期费用的具体金额，实施完成后也未进行结算。《招标文件》中规定的立项费用及省土地整理中心踏勘费用共计 150 万元系剑阁县国土局在《招标文件》中单方作出的费用数额，对正地公司没有约束力。虽然《招标文件》中约定了由中标公司支付立项费用及省土地整理中心踏勘费用 150 万元，投标时陈华强对此也是明知的，但约定的仅是中标公司中标后应该履行的相关义务。

二、被告人陈华强是否实施了威胁、要挟行为

公诉机关认为，被告人陈华强在索取费用过程中，通过"举报增减挂钩项目有问题为由要求增加前期实施规划费用，否则将继续上告"的方式迫使陈晓旭等人超《招标文件》约定，多支付 150 万元，被告人陈华强的行为属于威胁、要挟。被告人及辩护人认为陈华强以向纪委提交情况汇报材料的方式要求解决其前期实施规划费用的行为属民事行为，不属于威胁、要挟。

法院认为，被告人陈华强未实施威胁、要挟行为，理由如下。

第一，陈华强向纪委提交《关于广元市剑阁县灾后重建城乡建设用地增减挂钩试点项目有关情况的汇报》的行为属于通过信访手段要求解决其诉求的维权行为。陈华强客观上实施了剑阁县土地增减挂钩项目前期规划编制工作，剑阁县国土资源局应当支付费用，陈晓旭所在公司在未就费用达成一致协议时，使用正地公司前期规划编制成果，正地公司向纪委反映相关情况，要求剑阁县国土局解决费用问题，是其维护自身合法权利的一种方式，不应视为威胁、要挟手段。

第二，被告人陈华强索要报酬的行为针对的是剑阁县国土局，包括其向纪委提交的情况反映材料，指向也是剑阁县国土局，仅是其反映的情况中涉及陈晓旭使用其资料及未开展项目工程合同的部分工作。

第三，陈晓旭与被告人陈华强就前期资料使用费用谈判未果，但在谈判过程中，陈华强并未向陈晓旭实施威胁、要挟等敲诈行为。

第四，被告人陈华强与陈晓旭达成的 300 万元协议是基于协商达成的一致意见，是合法的民事行为。2012 年 12 月 28 日，县国土局副局长蒲某强组织双方协商，经过讨价还价达成了支付 300 万元的口头协议。陈晓旭于 2013 年 7 月 29 日向正地公司转账支付 150 万元，之后双方又补签了《剑阁县灾后重建用地增减挂钩项目实施规划编制委托协议书》，明确合同金额为 300 万元。2016 年 3 月 11 日，正地公司向陈晓旭所在公司发出

律师函催收余款 150 万元，陈晓旭又于 2016 年 5 月、7 月两次向陈华强支付了余款 150 万元。从达成协议至案发前长达 6 年的时间内，陈晓旭也未举报反映其被敲诈勒索。

第五，公诉人在庭审中提出的陈华强在协商费用过程中以其在前期规划编制中预埋（虚增）500 亩不需复垦土地为由进行要挟的公诉意见，经审查，没有证据表明预埋 500 亩不需复垦土地的行为确实存在，即使陈华强提出过 500 亩土地不需复垦，也不能认为这是一种要挟手段，而是其提出的对自身有利的增加费用的谈判理由。同时在卷证据也不能证实被告人陈华强提出过如不按其意愿付款，其将以此作为举报材料。

综上，被告人陈华强在要求剑阁县国土局解决其实施的剑阁县增减挂钩项目前期实施规划费用过程中，主观上无非法占有的目的，客观上未实施威胁、要挟的行为，其行为不构成敲诈勒索罪。公诉机关指控的事实不能成立，法院不予采纳。对被告人及辩护人提出的陈华强无罪的辩护意见，法院予以采纳。

关于公诉机关认定剑阁县国土局组织陈华强与陈晓旭协商费用的时间是 2012 年 6 月的一天的公诉意见，公诉机关以证人蒲某强、陈某兵、陈晓旭、唐某元、冯某平、王某林的证言来证实，但上述证据均属言词证据，且无通话记录等书证予以佐证，而被告人陈华强提供了有纪委相关领导签批意见的情况汇报材料，该情况汇报材料虽系复印件，但该复印件经过证人蒲某强辨认，确定其签批内容是客观的，故法院认定协商时间为 2012 年 12 月 28 日。公诉机关指控的该事实有误，法院予以纠正。关于被告人及辩护人提出的陈华强实施的前期规划编制项目与陈晓旭实施的项目并非同一项目的辩护意见，通过对比正地公司完成的前期项目实施规划资料、立项资料及招投标文件、施工合同等资料，两者属于同一项目，虽然陈晓旭所在公司在具体实施项目过程中的个别复垦地块可能存在变化，但不影响两者系同一项目的认定。故对被告人及辩护人的该辩护意见，法院不予采纳。

据此，依照《刑事诉讼法》第 200 条第 1 款第（2）项的规定，经法院审判委员会讨论决定，判决如下：

被告人陈华强无罪。

宣判后，四川省广元市人民检察院向四川省广元市中级人民法院提出抗诉，并于 2020 年 7 月 14 日、2020 年 8 月 12 日，两次向法院提交延期审理建议书，经法院合议庭合议后，同意延期审理。后四川省广元市人民检察院于 2020 年 9 月 18 日作出广元市人民检察院一部撤抗〔2020〕5 号撤回抗诉决定书，认为抗诉不当，向法院申请撤回抗诉。四川省广元市中级人民法院于 2020 年 9 月 18 日裁定准许撤回抗诉。

◯ 律师手记

为正义站岗

刘万

陈华强原系四川省某厅属研究院干部，因项目招投标问题被指控涉嫌敲诈勒索罪，面临 10 年以上有期徒刑刑罚，被羁押时间长达五百多天。北京大成（成都）律师事务所刘万律师担任陈华强的辩护律师，八次出庭为其辩护，最终取得无罪判决。

辩护人对虚假证据进行了有力的揭露，剖析了指控逻辑的错误，通过精准、有效的辩护，让指控动摇；对各环节进行了法律性质分析，从民事、行政、刑事等多角度分析，帮助法官更清晰准确地认识了本案各环节的法律性质，这对全案定性至关重要。2018 年度公诉案件一审无罪判决率为 1/2765，本案的有效辩护对判决产生了至关重要的影响，判决书基本上全面支持了辩护意见。

这起案件的辩护过程非常不容易。

首先，陈华强在监察委调查期间做了有罪供述，辩护律师积极调查取证并申请非法证据排除，最后法院认为监察委的调查笔录系立案前的材料，不能作为案件证据，在事实上起到了非法证据排除的效果。

其次，维权行为和敲诈勒索的边界模糊。近年来，因维权越界被判定敲诈勒索的案件屡见不鲜，本案涉及民事、行政、刑事等众多法律关系，辩护律师对整个事件的十余个环节分别进行法律分析，充分论述陈华强的行为性质系维权行为，最终法官采纳了辩护律师的意见。这对划清维权和敲诈勒索的边界具有参考价值。

再次，司法实践中，办案机关指向性取证行为时有发生，本案中办案机关不向土地主管部门和纪委调查取证，反而寻找大量的证人进行调查取证，证言的内容可想而知。辩护人通过向相关的主管部门调查取证，并申请法院向纪检监察机关调查取证，对事实认定及案件性质的准确界定起到了促进作用，同时这也是对办案机关的不当调查取证行为的否定。

最后，律师的担当对行业形象起到了提升作用。庭审之初，法官对案件性质认识不足，不恰当地限制律师的辩护发言，辩护律师予以坚决抵制并力推法庭彻查案件事实，才使得案件在此后又进行了六次庭审，保障了律师辩护权的充分行使。同时，当事人对无罪辩护的艰辛程度缺乏认识，案件久拖不决让当事人备受煎熬，认为律师的一些工作影响了案件的尽快解决，案件办理过程中对律师多有误会。但辩护律师本着对当事人负责、对案件负责、对执业良心负责的态度，面对被当事人误解的风险坚守执业原则，切实维护了当事人的合法权益。后来，在案件云开雾散之际，当事人意识到，如果不是律师的坚守，他极有可能含冤入狱。时隔数月，回想办案过程，当事人仍心有余悸。

陈华强释放后，其家属致信向"功臣"表达感谢，向介绍"如此优秀的律师"的朋友表示感谢，这也是对辩护人的最大褒奖！

刘万律师在法庭辩护结束前，响亮地喊出"今天我们不为正义站岗，明天谁为我们站岗"的口号，这是对每一位维护公平正义的法律工作者的深情呼唤。

评议

陈华强案是一起民事、行政、刑事法律关系交叉的案件，或者说是办案机关利用刑事手段不当插手民事纠纷、行政行为的案件。该案争议的起点是立项费用应当如何认定。如果按照检察机关的指控，招标单位说多少就是多少，显然是不符合市场规律和客观情况的。在该案中，招标单位说前期费用只有150万元，陈华强按照其实际支出和市场价格要了300万元，结果超出的150万元就被指控为敲诈勒索，这样的指控无疑违背了案件基本的客观事实，因为另外的150万元本质上就是合意相对方尚未付清的款项。

办案机关在用刑法苛责被告人前，首先应查明被告人的行为是否属于刑法调整的范围，若行为人主张的财产性利益本身就具有法律依据，就不存在所谓的非法占有。这其实体现出，有的民刑交叉案件并非案件本身的民刑界限不清晰，而是办案机关对案件事实的性质界定不清的结果。

再说到陈华强以举报"项目违规"相威胁是否属于敲诈勒索，即以恶害相通告，使对方产生恐惧而交付钱款。应当说，陈华强案根本没有达到讨论其所谓"威胁"是否构成敲诈勒索的程度。当我们探讨"举报""维权"与"敲诈勒索"的界限时，是在以"举报、控告系民主监督的重要方式"来为所谓的"威胁"行为提供正当化依据。但是，由于该案中陈华强主张的本来就是其合法债权，又哪里需要用其他理由来将一件本就"合法"的事情"正当化"呢？

在涉及民事、行政、刑事等众多法律关系的案件中，如果不加甄别地适用刑法来评价涉案当事人的所有行为，使刑事指控入侵民事和行政领域，将给人们的日常生产经营活动带来巨大的刑事风险。

从律师的辩护可以看出，辩护律师一方面通过实地走访和大量调查取证，厘清法律性质；另一方面对错综复杂的法律问题做条分缕析的研判，做到纲举目张，堪称精彩。监委立案前制作的讯问笔录，不是传统意义上的以非法方法取得的证据，但是，辩护律师能就此争取到非法证据排除的效果，法院最终也未信该证据，足见律师的努力与法院的担当。

纠错最快的无罪案件

刘昌松　王冠军

回顾

　　内蒙古自治区锡林郭勒盟多伦县曾是自治区级贫困县，位于该县东南部的西干沟乡，相比其他乡镇更干旱缺水，人均耕地和草场面积都很小，不适合养殖和需水量很大的农业种植项目。多年以来当地群众都是靠天吃饭，收入微薄。

　　近年来，国家提出全面脱贫计划，且有相应的配套资金扶持，时任西干沟乡党委书记的姚敏捷、乡长张利新为实现贫困户脱贫摘帽，想尽了办法。

　　2015年9月，经过多伦县科技局的引荐、指导，姚敏捷组织西干沟乡部分班子成员及村组干部约30余人，赴巴彦淖尔市萨福沃种植有限公司考察种植食葵项目，后又组织6个"三到村三到户"的村支部书记、村委会主任召开会议。6个贫困村召开村民代表大会，同意将食葵种植变更为扶贫项目，6个村委会分别同萨福沃种植有限公司注册成立的"多伦县萨福沃种植专业合作社"签订了《食葵订单种植合同》，随后各村落实租赁土地事宜，相继组织实施食葵种植项目。

　　2016年3月18日，姚敏捷又带领部分乡班子成员赴赤峰和润公司订购西红柿苗木，由副乡长马永林代表西干沟乡政府，与和润公司签订了西红柿苗木订购合同。

西干沟乡几个贫困村当年种植的食葵和大棚西红柿等长势喜人，引起了县领导极大的关注。多伦县委开会明确承认这是扶贫的一个典型，也是在扶贫领域、产业结构调整方面的一个创举。

然而，2016 年秋收后，大好形势发生逆转。由于当年食葵市场价格骤降（由前一年的 5 元钱 1 斤降到当年的 1 元钱左右 1 斤），而合作的萨福沃种植有限公司又不愿以合同约定的 3.5 元 / 斤保底价收购。另外，不少乡村干部被抽调去从事其他活动，村集体对食葵的管理松懈，致部分村民到集体田里偷采现象频频发生，有的贫困村甚至近一半的食葵被盗采。这些因素导致食葵项目出现了严重亏损。

西红柿等大棚蔬菜的种植情形也与此类似。后经县审计局审计，项目变更的经营损失达 157 万余元。

面对食葵和大棚蔬菜项目的严重亏损，有些村民与合作社便向上级部门反映“扶贫失败”。后来，锡林郭勒盟纪委监察局案件监督管理室给多伦县纪委下发一份函。多伦县纪委监察部门据此开始对姚敏捷和张利新以涉嫌滥用职权为由立案调查。

案件

2018 年 6 月 29 日，多伦县监察委调查终结，姚敏捷和张立新二人被移送到多伦县检察院审查起诉，同日取保候审。多伦县人民检察院受理后，两次延长审查起诉期限，两次退回调查机关补充调查。调查机关于 2018 年 12 月 6 日补查重报，同月 24 日多伦县检察院起诉到多伦县法院。

起诉书指控：2014 年至 2015 年，西干沟乡大石、小石、大官场、小官场、牛眼睛、平甸沟 6 个“三到村三到户”贫困村，在征得建档立卡贫困户同意的基础上，分别拟定实施肉牛养殖、低产林改造、育肥牛养殖、覆膜玉米种植等产业扶贫项目，但这些项目一直未予实施。

2016年，被告人姚敏捷与张利新在多伦县西干沟乡任职期间，未征得实施项目村建档立卡贫困户同意、未经县政府批准变更实施项目，使用2014年、2015年两年度540万元扶贫资金，擅自决定发展食葵种植和蔬菜大棚种植等产业项目，造成亏损，具体事实如下。

1. 2015年9月，被告人姚敏捷组织西干沟乡部分班子成员及村组干部约30余人，赴巴彦淖尔市萨福沃种植有限公司考察种植食葵项目，后组织6个"三到村三到户"贫困户村支部书记、村委会主任召开会议，要求6个贫困村落实食葵种植项目。6个村委会分别与多伦县萨福沃种植专业合作社签订了《食葵订单种植合同》。随后各村落实租赁土地事宜，相继组织实施食葵种植项目。在项目实施过程中，多伦县萨福沃种植专业合作社向各村提供农药、化肥、种子等物资后，乡政府将款项拨付到该合作社在多伦县农村信用联社开设的银行账户。秋收后，因食葵未能达到协议质量标准，多伦县萨福沃种植专业合作社协商以当时市场价格进行回收。由于市场价格远低于协议价格，各村不同意回收，坚持自行销售或保存，该项目经营亏损。

2016年3月18日，被告人姚敏捷带领马永林等部分乡领导班子成员赴赤峰和润公司订购西红柿苗木，由副乡长马永林代表西干沟乡政府，与和润公司签订了西红柿苗木订购合同。项目实施过程中，各村负责租赁村民土地、雇工种植、日常管理等工作，乡政府统一负责资金的管理使用。由于未能预测市场风险，盲目实施项目，加之经营管理不善，导致该项目经营亏损。2018年6月11日，经多伦县审计局审定，西干沟乡2016年使用6个扶贫资金实施的食葵、西红柿种植项目总计经营亏损157.41万元。

2. 2016年，被告人姚敏捷与张利新利用扶贫资金为6个"三到村三到户"贫困村新建46座蔬菜大棚种植西红柿。2018年5月22日，经内蒙古鸿呈贺工程项目管理有限公司鉴定，使用扶贫资金所建大棚每座大棚多支付给施工方0.1268万元，总计多支付5.83万元。

2017年初，被告人杨敏捷联系将牛眼睛村继亭专业合作社处于闲置状态的 10 座大棚，以每座 6000 元（低于建筑价格）的价格卖给西干沟乡吉吉嘎村杨逢祥等 5 户村民，给国家造成经济损失 26.49 万元。

3. 2016 年底，被告人姚敏捷帮助其堂弟张宝明注册成立了多伦县金界壕农业发展有限公司，在西干沟乡发展食用菌种植产业。2017 年 9 月份，被告人张利新在未征得贫困村的贫困户的同意下，擅自决定使用 6 个"三到村三到户"贫困村剩余扶贫资金购买张宝明建成的 25 座蔬菜大棚，每座 3.3472 万元，合计 83.68 万元，支付张宝明蔬菜大棚款 83.68 万元的同时多支付蔬菜大棚遮阳网款 11.66 万元。

4. 2016 年，在实施食葵、蔬菜大棚种植项目之初，西干沟乡党委、政府向 6 个"三到村三到户"贫困村的建档立卡贫困户承诺："如果项目因天气等原因无法正常获益，也给建档立卡贫困户每户发放 500 元补贴，作为对建档立卡贫困户的经济补偿。"年底，被告人张利新虚报套取西干沟乡 2016 年农业支持保护玉米补贴款为 6 个村的建档立卡贫困户发放入股红利每人 500 元，并安排乡农牧业服务中心主任具体负责此项工作，共计套现玉米补贴资金 27.10 万元。

检察院认为，被告人姚敏捷身为西干沟乡的党委书记、被告人张利新身为西干沟乡的乡长，在使用扶贫资金方面，未经县政府批准、未征得贫困户同意擅自变更扶贫资金的用途，造成经济损失 228.49 万元，情节特别严重，其行为触犯了《刑法》第 397 条之规定，犯罪事实清楚，证据确实、充分，应当以滥用职权罪追究其刑事责任。

律师刘昌松、王冠军为二人作无罪辩护。

接受委托后，辩护人认真研究了全部案卷材料，听取了当事人对案发真实情况的陈述，查看了当事人自行收集的证据材料，还到西干沟乡进行了实地考察，走访了当地村民，也同部分证人进行了核实，全面掌握了本案案情。

辩护人还就案卷中作为重要证据的多伦县审计局的审计报告，委托中国政法大学张苏彤教授进行专家论证，出具《专家意见书》，在庭前也提交给法庭，后张苏彤教授又作为有专门知识的人出庭，发表了专业意见。

张利新自行作了无罪辩护，姚敏捷也为自己作无罪辩护，他们的两位辩护人也同意他们的辩护结论。

张利新和姚敏捷作为案发时西干沟乡的领导干部，他们对指控的行为没有任何相互推诿之词，都认为这些行为是他们共同意志决定的，也就是说，本案中，要么两人都无罪，要么两人都有罪，且没有主次之分。因此，本案的辩护词实际上是为两名当事人共同辩护的法律意见。

以下是具体辩护观点。

起诉书的指控可概括为四点：2016 年被告人姚敏捷与张利新在多伦县西干沟乡任职期间，一是未征得实施项目村建档立卡贫困户同意；二是未经县政府批准变更实施项目，使用 2014 年、2015 年两年度 540 万元扶贫资金；三是擅自决定发展食葵种植和蔬菜大棚种植等产业项目；四是因此造成共计 4 笔 228.49 万元的经营损失。前三点是两被告人"滥用职权"的表现，后一点是"滥用职权"的后果。

最高人民法院《人民法院办理刑事案件第一审普通程序法庭调查规程（试行）》指出，要"确保诉讼证据出示在法庭、案件事实查明在法庭、诉辩意见发表在法庭、裁判结果形成在法庭"。辩护人认为，通过两天的法庭审理，案件事实已经浮现在法庭，指控不能成立，当事人无罪！我们认为法庭查明的事实如下。

一、两被告人主政的西干沟乡 6 个贫困村中有平均 61.8% 的贫困户签字画押，符合相关文件要求。因此，起诉书指控两被告人"未征得实施项目村建档立卡贫困户同意"，完全不能成立

控方移送法院的案卷材料中，确实没有贫困户签字的证据，那是多伦县监察委不依法收集证据的结果。经县检察院两次退补，县监察委也

未能补充这方面的证据。证据是客观的，不收集不等于不存在，这反而可证明县监委办案存在严重不作为的情形。因为《刑事诉讼法》第52条明确规定，"侦查人员必须依照法定程序，收集能够证实犯罪嫌疑人、被告人有罪或者无罪、犯罪情节轻重的各种证据"。多伦县监察委选择性地只收集嫌疑人的有罪证据，不搜集无罪、轻罪的证据，无疑是选择性不作为。

辩方自行收集了此前作为西干沟乡报请2014年、2015年度扶贫项目变更的附件中存在的6个贫困村337户贫困户在项目变更同意书上签字画押的证据材料。

出庭作证的村干部都当庭确认，前述贫困户签字画押的书证，确实是他们上报材料中的内容，贫困户的签名按印是真实的。

辩护人仔细统计了一下，西干沟乡6个贫困村共545户贫困户，各村贫困户户数（同意签字的户数）分别为：牛眼睛村118（74）；平甸沟村62（26）；大石砬村61（33）；小官场村73（40）；大官场村133（71）；小石砬村98（93）。全乡545户贫困户，签字画押贫困户337户，占全体贫困户的61.8%，完全符合文件规定的"取得大多数贫困户同意"的要求。

由于外出打工和在城里居住者不少，一定程度上影响了签字同意率。为此，被告人姚敏捷还出示了各村村委会的相关证明。这样就更加达到了"多数贫困户同意"的程序要求。

《刑事诉讼法》第54条规定："凡是伪造证据、隐匿证据或者毁灭证据的，无论属于何方，必须受法律追究。"县监察委向扶贫办收集扶贫项目报批材料时，那些签字画押的材料都在一起，办案人员却视而不见。这些行为本质上属于隐匿证据，辩护人请法院提出司法建议，追究有关人员的法律责任。

二、两被告人主政的西干沟乡于 2016 年 4 月 12 日即初步上报完整的扶贫项目变更材料，案卷中也有县政府两个批复文件，该两个批复及其相关方案目前仍是自治区和盟两级扶贫办的备案材料；县政府给县纪委的《复函》和县扶贫办给县纪委的《情况说明》不能否定两个批复，不能作为定案依据；即使否定了批复作出时间，也未否定批复的实际内容，即变更实施项目仍然经过了批复。因此，起诉书所称两被告人"未经县政府批准变更实施项目"完全不能成立

（一）控方为证明"未经县政府批准变更实施项目"，搜集了无罪和有罪两个方面的证据

1.控方收集的无罪证据有两份，分别是县政府 2016 年 6 月 11 日和 2016 年 6 月 17 日制作的《多伦县人民政府关于多伦县 2014 年"三到村三到户"项目变更实施方案的批复》（以下简称《批复 1》），以及《多伦县人民政府关于多伦县 2015 年"三到村三到户"项目变更实施方案的批复》（以下简称《批复 2》）。《批复 1》和《批复 2》直接、完全否定了起诉书所称两被告人"未经县政府批准变更实施项目"的指控。

2.控方收集的有罪证据也有两份，一份是县扶贫办 2019 年 6 月 22 日给多伦县纪委的《关于西干沟乡 2014—2015 年"三到村三到户"项目变更方案情况说明》（以下简称《情况说明》），另一份是县政府 2018 年 12 月 3 日给县纪委的《多伦县人民政府关于西干沟乡 2014—2015 年度"三到村三到户"项目方案变更情况的函》（以下简称《复函》）。

这两份证据想要证明，前述县政府两份落款日期分别为 2016 年 6 月 11 日和 2016 年 6 月 17 日的《批复 1》和《批复 2》，实际上均为 2017 年 5 月 18 日制作下发，只是为了迎合上级项目变更备案时间须在项目实施前完成的要求，才将《批复 1》和《批复 2》的制作日期分别倒签为前一年（2016 年）6 月的两个日期，这在本质上等于承认《批复 1》和《批复 2》的制作日期造假，

以及（2016）的两个文件文号也造假，用此来证明两被告人主政的西干沟乡扶贫项目变更实施，未经县政府批准，以达到追究两干部刑事责任的目的。

（二）辩方为此也举出了自己的证据

1. 辩护人向法庭出示了扶贫干部马秀丽的126邮箱2016年4月12日的电子邮件，邮件名为《2016扶贫方案计划》。

邮件内容为多伦县西干沟乡政府向县扶贫办上报6个贫困村食葵种植和蔬菜大棚扶贫之项目变更实施方案的详细材料。此后应有些调整和完善，又上报了纸质材料（即前述控方收集的证明两被告人无罪的证据《批复1》和《批复2》所带附件里的西干沟乡的上报材料）。

根据县扶贫办"多扶组字[2016]4号"《通报》，盟县领导检查西干沟乡小石砬村、大官场村的扶贫工作存在诸多问题，认为其他贫困村同样存在，然后向全县下达指示，要求"个别村（实际为多数贫困村）需要变更的项目，应严格履行工作程序，按项目申报流程逐级上报"，还要求两年度项目"务必在6月底完成"，这里的"项目完成"应该是实施完成而不是报批完成（据了解，多伦县扶贫项目都是边实施边上报，这与农村办事易变，"只有已经干起来才不变了"的惯例相符）。西干沟乡又是被该《通报》批评的单位，岂敢怠慢？因此，西干沟乡在2016年4月12日就已经上报基本成形方案的基础上，于2016年5月底之前完善后正式上报材料，这是完全没有问题的。这是证据规则中"根据已知的事实和日常生活经验法则推定出的另一事实"，具有可靠性。

顺着上面的思路，若县扶贫办及时汇总上报县政府，并于2016年6月11日和2016年6月17日获得《批复1》和《批复2》是完全可能的。

公诉人承认该邮件确实同现有控方证据有很大冲突，但也提出邮件可能被篡改和伪造等异议。辩护人一方面表示，司法实践中极少出现电子邮件作假的情形，不过也请法庭休庭后认真核实，若发现伪造、篡改等妨碍司法的行为，追究有关人的法律责任就是；另一方面辩护人也郑重指出，这是本案中辩护方提出的强有力证据，辩方完成了自己的举证，控方认为有伪造、篡改等可能，完全可以要求法庭对其进行鉴定，简单地否定其真实性，是苍白无力的。

2. 辩方又申请法院从县扶贫办调取了《多伦县"三到村三到户"项目变更实施方案（2014 年）》和《多伦县"三到村三到户"项目变更实施方案（2015 年）》。

此次申请调取的材料比原来的案卷材料多了 20 多页，用于证明西干沟乡同蔡木山乡、大河口乡、大北沟镇共计 18 个贫困村报请了项目变更，占全县 22 个贫困村的 82%，都是一起上报获批并报锡盟扶贫办备案的。不调取项目审批完整文件，这又一次证明了县纪监委选择性取证的行为。

而《内蒙古自治区扶贫攻坚工程"三到村三到户"项目管理指导意见》规定，"旗县人民政府审批（扶贫项目）立项，同时报盟市扶贫办、自治区扶贫办备案"。据此可以推知，锡盟也会将县政府的两个批复及相关方案材料上报到自治区扶贫办备案。也就是说，《批复1》和《批复2》是在盟和自治区两级扶贫办都备案了的正式文件。

3. 辩方申请了分管扶贫工作的杨建军副县长和扶贫办主任王春成出庭作证。

杨建军的当庭证言表明，2014 年的扶贫资金未到位，2015 年后两个年度扶贫资金集中到位后，由于多种因素的变化，西干沟乡变更项目是正确的，变更项目也是向他报告过的，县政府也是有批复的（虽然他称批复具体时间记不清楚了，但批复肯定是有的）。

至于杨建军副县长所称《复函》说的真正批复日期是对的，《批复1》和《批复2》的制作日期是不正确的，由于他本人即是县政府的领导成员，《复函》又是县政府出具给县纪委的，他不承认《复函》也造假，是可以理解的。

扶贫办主任王春成的证言大多是"我还未来""记不清楚了"，但也说了变更项目的事他知道，向他报告过，报过材料（只是具体时间记不清楚了）。

辩方认为，两名证人的证言已经同西干沟乡通过马秀丽邮箱向县扶贫办上报的《2016扶贫方案计划》相印证，证明西干沟乡2016年上半年即及时上报变更材料是可信的。我们只能要求西干沟乡变更项目应及时上报，至于扶贫办何时汇总上报至县政府，县政府何时批复，其实并不重要，因为那不是二被告人和西干乡政府能左右的。及时上报了变更项目方案，扶贫办未及时上报和县政府未及时批复，那是扶贫办和县政府渎职。

本案是两名乡镇干部在扶贫工作中发生的所谓渎职案，县监察委却未向县扶贫办调查任何一个人以了解真实情况，也未向县分管扶贫工作的副县长杨建军调查，这是选择性取证的典型表现，辩护人也请法院一并向有关机关提出司法建议，以遏制这种违法办案方式。

（三）结合控辩双方的证据情况，辩护人提出如下意见

1. 根据证据规则，正式文件《批复1》和《批复2》的效力大于函件《复函》；对自治区机关和盟机关行文的公文书之效力大于对同级党政机关行文的公文书；案件本身存在的书证之效力，大于办案过程中说明材料之书证的效力。据此，以《复函》否定《批复1》和《批复2》是错误的。正确的做法应该是，县政府向自治区和盟两级扶贫办正式行文，承认自己之前的《批复1》和《批复2》日期倒签，新的认错文件同原备案材料一起存档，县监察委再从自治区机关和盟机关调取县政府后面的认错文件，这样才有证据效力。

2. 控方的《复函》和《情况说明》证明，县政府的《批复1》和《批复2》只是批复日期不对，并未证明批复内容也不对，《复函》和《情况说明》以及杨建军副县长的证言都未否定包括西干沟乡2014年、2015年度项目变更，最终获得县政府批复的事实（追认的批复也是批复，也是县政府的认可，政府的这种公信力必须维护）。这足以证明起诉书指控二被告人"未经县政府批准变更实施项目"的说法不能成立。也就是说，"推迟批复"和"未经批复"是两个概念。

3. 杨建军副县长的证言表明，西干沟乡变更扶贫项目没错，且向他报告过变更项目事宜，扶贫办主任王春成也承认西干沟乡向他报告过，也上

报过项目变更材料；西干沟乡通过马秀丽邮箱向县扶贫办上报《2016 扶贫方案计划》又证明，西干沟乡 2016 年 4 月即上报过同正式方案已十分接近的项目变更材料。这说明二被告人主政的西干沟乡已经履行了自己的职责，即使《情况说明》和《复函》为真，如前所述，也只能说明扶贫办不及时汇总、县政府不及时批复，这是县政府及其主管部门在渎职，而不是二被告人在渎职，因为他们控制不了批复下达的时间。

4. 如果说县政府两个《批复》的日期真的造假，那么县政府连上报自治区和盟两级备案的正式《批复》文件都敢造假（且经两级备案的依然还是《批复 1》和《批复 2》，说明它们依然有效），其配合本县纪委办案的一个函件为什么不可能也造假？《最高人民法院关于适用〈中华人民共和国刑事诉讼法〉的解释》第 104 条规定："证据之间具有内在联系，共同指向同一待证事实，不存在无法排除的矛盾和无法解释的疑问的，才能作为定案的根据。"因此，从这个角度说，《复函》也绝对不能作为定案的依据。

三、西干沟乡 2014—2015 年度扶贫项目变更，经过了严密的考察，多次召开乡班子会研究，从而引导贫困村选定食葵和蔬菜大棚种植的项目；项目经过多数贫困户同意（前面已述），经过"村两委"开会研究，经过村民代表大会讨论通过。因此，起诉书指控两被告人"擅自决定发展食葵和蔬菜大棚种植等项目"，完全不能成立

（一）县监察委对于两被告人"擅自决定发展食葵和蔬菜大棚种植等项目"的指控，收集的主要证据是 6 个贫困村 11 名村干部的证言，以证明两被告人未经群众同意，擅自决定项目后交村里执行

辩护人对 11 份笔录进行了仔细比对，发现同样问的 5 个大问题，最多的有 9 个人的回答内容雷同，最少的也有 5 个人的回答内容雷同，很多

回答都是一字不差；将"大致雷同"的算在一起，比例更高。这样的笔录根本没有证据价值可言。

如此复制粘贴制作笔录的办案作风和态度，着实让人惊讶，辩护人也请法院就此向县监察委或上级监察机关提出司法建议，追究有关办案人员渎职办案的法律责任。

这里列举一些。

问：你村2014—2015年"三到村三到户"扶贫资金的使用项目选定上，经过村"三委"班子会议研究过吗？你们村是否召开了村民代表大会？

有5名村干部的回答一模一样，回答内容都是："2016年我村实施项目都是由乡里决定后，我们开过"三委"班子及村民代表大会，传达乡里的会议精神。"

问：你村2014—2015年"三到村三到户"扶贫资金的使用、项目选定包括项目建成后你们村是否进行过公示？

9个村干部作答，回答的都是："因为从项目选定到建成我们都没有经手，都是由乡里决定并负责的，所以我村没有进行过公示，乡里是否进行公示我不清楚。"

问：你们村蔬菜大棚使用什么资金建的？谁主张建的？

8名村干部回答的内容一样，都是："我村建设的大棚是用'三到村三到户'扶贫资金建设的，是乡里姚敏捷、张利新主张建的。"

问：你村蔬菜大棚经过你们村委班子开会研究过吗？

9名村干部的回答大致是："我们村班子开会研究过，但建设蔬菜大棚是乡里决定的。"

问：你村建设蔬菜大棚经过招投标和公示了吗？

8名村干部的回答都是："这些都是乡里安排做的，没经过我们，所以我们也不知道是否经过招投标，我村也没有公示过。"

以上例子中具体是哪些人的证言笔录、在案卷中哪一页，我们制作了附件《纪委谈话雷同笔录比对结果》，共9页。

（二）辩方为此申请法庭通知全部 11 名村干部到庭作证。由于时间关系，加之作证内容相同，控辩审三方一致认为，找部分村干部出庭作证即能反映真实情况，于是我们随机挑了 5 名不同村的村干部到庭作证

作证情况出奇一致：出庭村干部都表示，他们知道乡里组织人员到巴盟萨福沃公司和赤峰和润公司考察；他们都到乡里参加了关于种植食葵和大棚蔬菜项目的会议；他们回到村里都召开了村"两委"会议进行研究；村里都召开了村民代表大会讨论通过；没有贫困户反对，在家的贫困户都在同意书上签名画押；还向每个贫困户发放了"介绍两个项目，承诺因天气等原因无法正常获益，由合作社为建档立卡户每户发放 500 元补贴"的承诺书。这是在辩护人预料之中的，因为辩护人预测，高度雷同的笔录就是复制粘贴好了，让村干部签字按印而已。

辩护人对村干部所问的问题同监察委办案人员问的问题大致一样，但答案却是两个版本，结合前述证人调查笔录严重重合的情况，辩护人认为村干部的当庭证言是可信的。其充分证明两名被告人只是引导贫困村选择项目，而不是代替他们决定项目。

事实上，如果贫困村和贫困户不同意，乡里也没法强迫。例如 2017 年初，乡里建议各贫困村利用剩余扶贫资金建设大棚（也在项目变更方案之内），小石砬村即不同意，后按照村民的意愿，小石砬村将剩余 30 多万元资金入股多伦县金界壕农业发展有限公司，2018 年还获得分红 27270 元（《收条》已当庭提交法庭）。

（三）辩方还申请县教育科技局的副局长唐怀东出庭，并当庭出示乡班子成员的会议记录、杨建军和王春成的出庭作证以及盟县媒体对他们成功做法的参观报道等一系列书证材料，加上二被告人对本乡地理自然环境的了解，以及为何变更项目的陈述意见等，充分证明了二被告人是引导贫困村科学决策、民主决策、因地制宜、努力创新干事的乡镇好干部

县教育科技局的副局长唐怀东出庭证明，种植食葵项目在本地已有不

少成功的经验，经他介绍并由他带领西干沟乡干部 30 多人到巴盟萨福沃公司进行考察。在项目实施过程中，他还实地进行过指导，当年亏损很大程度是因为市场行情等客观原因，而不是食葵项目未选对。

姚敏捷当庭出示证据证明，包括乡班子成员张利新（乡长）、郝艳文（乡副书记）、冀宝良（乡纪委书记）、王胜利（乡办公室主任）等的多次会议记录，各贫困村合作社自主同萨福沃公司签订的《订单种植合同》《大棚建设合同书》等，加上控方案卷中存在的各贫困村党支部同农户签订的用于保障项目用地的《土地流转合同》，充分证明西干沟乡扶贫项目的实施，采取的是"党支部 + 合作社 + 农户"的创新模式，二被告人作为乡镇党政领导只起引导、指导和监督的作用，项目实施主体还是贫困村党支部、村合作社和贫困户。

如前所述，杨建军副县长当庭作证表示，项目变更合理、项目变更实施中向他汇报过（前面已述），扶贫办主任王春成也证实项目变更向他作过汇报，向扶贫办报过材料，这都是二被告人尊重组织、尊重上级的表现，不存在刚愎自用、擅自作主的渎职滥权行为。

二被告人还当庭陈述，西干沟乡的草场资源匮乏，原计划肉牛养殖、育肥牛养殖都不切实际；原低产林改造项目效益低见效慢，不适宜扶贫；西干沟乡还缺乏水资源，种植玉米也不太合适，相比之下食葵更耐旱；而且西干沟乡是一条国道和一条省道的交汇处，距离北京、天津较近，大面积种植食葵和大棚西红柿等，有利于打造花海景观和瓜果采摘项目，能够带动旅游事业的发展。

被告人姚敏捷当庭出示的证据还显示，西干沟乡 2016 年实施的扶贫产业项目得到盟、县领导的认可盟、县还组织相关人员进行观摩，多伦电视新闻进行了报道，锡盟组织部领导调研后也认为，西干沟乡产业发展有前景，特向自治区组织部申请全盟唯一一个"壮大集体经济示范村"称号，并给予项目资金支持 50 万元。2017 年多伦县出台政策，鼓励广大群众种植花类作物，为旅游打基础并给予种植补贴，"连片种植向日葵 200 亩以上的，每亩补贴 300 元"。

出庭作证的平甸沟村支部副书记牛宝合和村民芦建成的证言都证实，这两年他们种植食葵的面积越来越多，今年都分别计划种植上千亩，而且食葵价格也相当高，确实是脱贫致富的好项目。

上述事实综合证明，两名被告人作为当地农村土生土长起来的乡镇干部，又都在西干沟乡任职 10 余年，确实熟悉当地情况，且有一定战略眼光。在引导贫困村搞项目的问题上，他们既尊重科学，又注重调查研究，还能很好地结合当地的地理气候条件，在农民自己想不出好办法的情形下，急农民之所急，想农民之所想，创新性地引导贫困村发展新项目、新产业，不仅无错而且有功，绝不能以当年的收益论是非。当年收益低是市场、天气和管理不善等多种因素共同作用的结果，应该更长远地看待和评价他们的工作。

证明食葵种植和大棚蔬菜项目经营亏损 157.41 万元所依据的多伦县审计局的审计报告，不能作为定案的依据；证明建设 46 座大棚多支出 5.83 万元所依据的内蒙古鸿呈贺工程项目管理有限公司的所谓"鉴定"，不符合鉴定意见的规则要求，不能作为定案依据；多支付的遮阳网款 11.6 万元立案前已退回；玉米补贴用于补贴贫困户，每户 500 元是经县分管领导同意和安排的。因此，起诉书中的 4 笔指控，没有一笔有确实充分的证据支持。

（一）对于食葵、西红柿种植项目总计亏损 157.41 万元是数额最大的一笔指控，起诉书的认定依据是多伦县审计局的审计报告，而该报告依法不能作为定案的依据

对此，辩护人通过所在律所委托中国政法大学司法会计研究中心主任、会计学教授、博士张苏彤，对审计报告进行了认真审查，出具了书面的《专家论证意见》，后张苏彤教授也出庭陈述观点，并接受了控辩双方和法庭的发问。专家的结论性意见是：该审计报告完全不能作为定案的依据。

张苏彤教授指出，"该审计报告不具有我国刑事诉讼法规定的法定证据形式，不能作为定案的依据"；"审计报告作为行政上改进工作、纠正违反财经纪律或财务收支上的一般违纪现象和对相关党政干部进行党纪政纪处分的依据，都是没有问题的，但是一旦进入刑事追诉程序，对于案件中涉及的财务会计的专门性问题，只能通过司法会计鉴定的方式来查明，而不能以审计报告代替司法会计鉴定意见书"。这是因为审计报告署的是单位名，单位无法出庭接受质证，而专业问题必须在法庭上接受充分质证，否则无法认定。这从根本上否定了审计报告在本案中的证据能力。

张苏彤教授又指出，"对扶贫资金使用情况的审计应该重点考察扶贫资金的社会效益实现的情况，考察脱贫质量和减贫效果"；"一个扶贫项目在资金投入的最初阶段发生经营亏损是极为正常的事情，谁也无法保证在贫困地区扶贫资金只要一到位，就能立竿见影地产生盈利，除非撒谎做假账。作为最普通的商业常识，任何一项投资项目，即使是高科技项目，在项目投资的最初阶段就实现营利几乎是不可能的，更何况还是有着众多不确定性因素的农业种植项目"。这从宏观上指出了审计报告存在的重大问题，即仅盯着当年的经营收入来计算损失额是极不科学的。

张苏彤教授还指出，"本案审计人员对种植支出的计算也是片面的。本项目租赁了当地农民的 2464.34 亩耕地，贫困户获得租金收入为 38.7 万元；贫困户在项目中获得人员工资收入 54.9 万元，两项收入合计 93.6 万元，实实在在发到了贫困户手中，起到了以租代赈、以工代赈的效果，应在损失额的计算中予以扣减"。"蔬菜大棚投产以后，小官场等 6 个村经常性地将蔬菜大棚出产的西红柿、豆角、茄子等分发给贫困户，报告期内共分发给贫困户价值为 11.61 万元的各种蔬菜，应'视同销售'计入'农产品销售收入'或充抵损失额"。

"审计报告将贫困户未获得收益的情形，作为给当事人造成的'损失'，那么当事人积极利用国家农村产业政策，为贫困户争取另外获得国家补贴款，就应当作为贫困户的收益，以冲抵损失额。多伦农牧主管部门鼓励大棚种植的产业政策是，每座大棚补贴 18000 元，现 36.8 万元补贴款已经到位，乡镇领导还在进一步协调县农牧局发放剩余补贴款事宜，若 61 座大棚的全部补贴款到位将有 109 万元。对此，审计报告完全没有考虑。"这些又从微观上指出了审计报告存在的问题。

对于贫困户获得租地租金收入和在项目中做工获得工资收入合计 93.6 万元，被告人姚敏捷提供了 6 个贫困村的相关《证明》。

对于各贫困村给贫困户实物分红价值为 11.61 万元的各种蔬菜，被告人姚敏捷也出示了 6 个贫困村的《证明》材料。

对此，庭审中出现了戏剧性的一幕。证人姚云龙说西红柿当年的市场价格是 1 元 / 斤，村里分西红柿是按 0.5 元 / 斤～ 0.6 元 / 斤计算的，由于村里出的《证明》中已经有具体数字，法庭问到底是按 0.5 元 / 斤还是 0.6 元 / 斤计算的，姚云龙可能真记不清了，想了想说，应该按 0.6 元 / 斤计算的，结果有人很快算出来，是按 0.5 元 / 斤计算的。

会计专家张苏彤教授到庭作证，法庭又问张教授，以西红柿实物分红来减轻本案数额，应按市场价还是成本价计算？张教授明确，"从司法会计的角度来说，给贫困户实物分红应按市场价计算，应视同对外销售，来充抵经营损失额"。这样说来，本案中实物分红的金额就不是 11.6 万元，而应是 23.2 万元。

对于 61 座大棚的全部补贴款到位将达 109 万元，辩护人当庭向法庭提交了多伦县农牧局出具的《证明》，公诉人当庭表示没有任何意见。

（二）对于第二笔指控中"将处于闲置状态的 10 座大棚，以每座 6000 元（低于建筑价格）的价格卖给西干沟乡吉吉嘎村杨逢祥等 5 户村民，给国家造成经济损失 26.49 万元"的行为，指控的依据也是审计报告，而该报告依法不能作为定案依据

对此，除了上述不能作为定案依据的理由外，张苏彤教授还指出："应当看到，10 座大棚本来就是闲置的，按照现代管理会计的理念，将原本处于闲置状态的 10 座大棚折价出售给农户，原先构建大棚的成本应该视为

'沉没成本'，不能再计算为本次交易的成本。设想，如果该项交易没有发生，10座大棚还将一直闲置下去（据本案辩护律师介绍，大棚闲置原因是地下水严重匮乏，这在短时期内不可能改观），不能发挥它们应有的效能，那样损失额会更大。如果任由这项损失发生，被告人反而不会在审计中被查出'有问题'。如此一比较，就能看出审计报告认定本笔损失额在逻辑上的荒谬性。"

另外，被告人姚敏捷当庭出示了牛眼睛村支部书记杨秀波、村主任邱云文、吉吉嘎村支部书记赵志刚、村主任邱志伟共同出具的《情况证明》，以证明是双方自愿对接联系，乡里没有参与具体环节，是他们上报到乡里，乡里帮助确定了一个价格而已。此外，姚敏捷还出示了牛眼睛村会议记录，证明经过了村民代表会议商议；出示了乡办公室副主任杨佳、副乡长邢艳军和被告人张利新于2017年4月7日参加乡领导班子会的会议记录，证明大棚价格定为6000元/座，也是乡领导班子集体研究的结果，而不是个人擅自作主确定。

因此，出售10座蔬菜大棚的行为，根本不存在滥用职权的情形，即使有再大的损失，也不是滥用职权的结果，因为乡里只给了一个参考价，同损失之间没有刑法上的因果关系。

（三）对于第二笔指控中的"多支付蔬菜大棚遮阳网款11.6万元"，在上级检查组提出整改意见后，该笔款已经于2018年1月之前退回（本案是2018年5月29日立案的），不应作为起诉书的指控数额。

《最高人民法院、最高人民检察院关于办理渎职刑事案件适用法律若干问题的解释（一）》规定，"本解释规定的'经济损失'，是指渎职犯罪或者与渎职犯罪相关联的犯罪立案时已经实际造成的财产损失"。也就是说，如果在立案前已经退回款项，损失已经得到弥补，就不应计算为涉案损失额（这样规定，本身即体现了国家对国家机关工作人员的爱护）。

因此，将该笔损失额列入起诉范围实属不应该。

（四）对于起诉书指控的 46 座大棚共多支付给施工方 5.83 万元，所依据的证据是内蒙古鸿呈贺工程项目管理有限公司制作的所谓"鉴定"报告，但该报告不符合鉴定意见的证据规则要求，不能作为定案依据

《最高人民法院关于适用〈中华人民共和国刑事诉讼法〉若干问题的解释》第 85 条规定："鉴定意见具有下列情形之一的，不得作为定案的根据：（1）鉴定机构不具备法定资质，或者鉴定事项超出该鉴定机构业务范围、技术条件的；（2）鉴定人不具备法定资质，不具有相关专业技术或者职称，或者违反回避规定……"也即，只要有上述情形之一，便不得作为定案依据。

内蒙古鸿呈贺工程项目管理有限公司出具的这份《工程造价鉴定》，虽然文书名称叫作"××鉴定"，但其并不是规范的司法鉴定意见书，最后落款签字处也不是"鉴定人"，而是"项目负责人""项目审核人"，更没有附鉴定人的造价工程师执业证书。因鉴定人员是否有鉴定资质无从核实，所以应认定为"不具备法定资质"，其所出具的鉴定意见，依法不得作为定案的依据。

另外，大棚建设没有国家定价和国家指导价，完全实行市场议价，每座大棚价格是按 33000 元支付给施工方的。价值 3 万多元的建设项目，价格在 1000～2000 元之间波动，实属正常，该鉴定意见鉴定出"每座大棚多支付给施工方 0.1268 万元"，既不科学也不合理。

（五）对于第四笔指控，即"虚报套取玉米补贴款给建档立卡贫困户发放参加合作社入股红利每人 500 元共计 27.10 万元"，因为该行为经过县主要分管领导的同意和安排，也符合有关规定，不属于滥用职权

对此，被告人张利新供称，利用玉米补贴款补贴每户贫困户 500 元，这是向县分管领导报告并取得其同意的，乡里也开班子会进行了研究，这不是个人滥用职权。

被告人姚敏捷当庭出示了大河口乡乡长李富海和蔡木山乡原乡长2016年10月20日参加的"扶贫工作会议"的记录，证明杨建军副县长在会议上讲到利用玉米补贴款解决牛棚维修和扶贫补贴事宜；姚敏捷还出示了乡办公室副主任杨佳、人大主席丁敬峰、被告人张利新、乡纪委书记冀宝良参加2016年11月10日乡班子会的会议记录，证实了就该问题乡里向县领导提出建议，最后的决定也是集体研究的结果，不是个人独断擅权，印证了被告人张利新的说法。

杨建军副县长出庭作证，承认被告人张利新向其报告过此事并取得其同意，用玉米补贴解决扶贫事宜是有依据的，也不违反规定。至此，已经完全可以确认此事项不是两名当事人在滥用职权。

对此，公诉人也未提出任何异议。

即使本案真的有人应该对所谓228万余元损失承担责任，责任主体也不应是两名被告人，而应是县政府及其主要负责人。

对此，辩护人向法庭提交了《国务院扶贫开发领导小组关于改革财政专项扶贫资金管理机制的意见》和《内蒙古自治区实施"扶贫攻坚工程"资金整合方案》两份文件。

前述国务院意见指出："强化地方在资金使用和监管中的责任。谁负责审批具体项目，谁就对资金使用、项目实施的具体程序和最终结果负主要责任。"

内蒙古自治区的方案更是明确指出："要统一思想认识，把整合扶贫资金作为实施'扶贫攻坚工程'的关键措施来抓；要加强领导落实责任，旗县是扶贫攻坚的责任主体，也是资金项目的整合主体，旗县长是第一责任人。"

辩护人还查到内蒙古自治区《深入推进扶贫攻坚工程"三到村三到户"工作方案》的规定："各级党委、政府要对'三到村三到户'工作进展、实施成效进行跟踪检查，形成一级抓一级、层层抓落实的督查考评机制。"

杨建军副县长和扶贫办王春成主任都出庭证实，西干沟乡变更和实施项目，县政府和扶贫办都是知情的，而且当时西干沟乡干得热火朝天，县领导多次陪同自治区领导来检查指导，将西干沟乡的项目作为典型开现场观摩会，还大力宣传报道。如果是滥用职权，县政府为什么不及时纠正，反而充分肯定？"一级抓一级，层层抓落实"的要求是如何落实的？

如果任凭两被告人渎职，甚至还鼓励其渎职，导致最终造成228万余元的损失，按文件规定，县政府是否应对最终结果负主要责任？

在案证据表明，扶贫项目是村合作社为主体组织实施的，相关合同是村合作社签订的，其他具体工作都是合作社做的，总不能让乡干部整天帮助看管食葵不被盗吧，总不能让乡领导预测出全国食葵的价格2016年会跌到谷底吧（牛宝合出庭作证证实，他这几年都在种食葵，2016年食葵价格低到1.6元/斤，前年是3元/斤，去年是5元/斤）！乡里只有监管职责，为什么最终板子既不打到合作社成员的身上，也不打到县政府领导的身上，而是要打到中间层的两个乡官身上？！

六、本案中侦查（调查）机关在冀宝良要求自行回避的情形下，强令其违反程序参与收集证据，所取得的相关书证应当依法予以排除；本案中还存在侦查（调查）机关其他一些程序违法之处

本案侦查（调查）环节的最大程序违法之处是，原西干沟乡纪委书记冀宝良，在2016年、2017年初整个涉案期间，与被告人姚敏捷、张利新同为西干沟乡党委班子成员，2017年10月才调至多伦县纪委工作，他同本案有很大的利害关系，却参与了本案大部分书证材料的调取和对部分证人的调查询问。辩护人同冀宝良进行电话沟通时，他表示一开始他就不同意参与案件调查，他提出了自行回避的要求，但组织上未同意。辩护人向法庭申请通知他出庭，他面有难色，称"说不好的，对两被告人不利；说好的，对原调查机关不利"，这也正是法律规定回避制度的意义所在。

辩护人在开庭前提出了对冀宝良参与提取的书证启动非法证据排除程序，具体的书证占全部书证的 70% 以上。理由是《人民法院办理刑事案件排除非法证据规程（试行）》第 3 条规定："采用非法搜查、扣押等违反法定程序的方法收集物证、书证，可能严重影响司法公正的，应当予以补正或者作出合理解释；不能补正或者作出合理解释的，对有关证据应当予以排除。"作为利害关系人，冀宝良全程参与收集本案书证，肯定是严重违反程序的，在没有任何补正或作出合理解释（不可能有什么合理解释）的情况下，相关书证理应排除。

很遗憾，庭前会议上经辩方申请和控方同意，控辩双方对排除上述非法证据达成一致，而本案合议庭却在开庭审理中作出了不启动排非程序的决定，也不进行排非调查。在辩护人三次郑重提出后，法庭释明："如果法院根据申请排非的证据作为依据作出对被告人不利的判决，被告人及其辩护人可以以一审对非法证据的申请未予审查，作为上诉的理由。"

辩护人真想知道，是谁罔顾法律关于回避的规定，强令有利害关系的监察人员参与本案全程办理？——办理他人滥用职权的案件，办案机关和办案人员自身却如此明目张胆地严重滥用职权，这是何等的悖论！

辩护人申请冀宝良出庭作证有两点理由，申请书中也讲得很清楚，一来他是本案的办案人员，有利害关系而没有回避，他的出庭有助于查明其不回避的理由，这也是排非程序的需要；二来是他在案发时是西干沟乡党委的班子成员，案卷材料中记载的乡班子多次会议都有他参加，他的出庭有助于查明案件事实。遗憾的是，法庭以《内蒙古自治区人民法院支持深化国家监察体制改革试点办理职务犯罪案件办法（试行）》第 5 条的规定，即被告人或辩护人申请监察委的调查人员出庭，法庭以可不支持为由，未通知冀宝良出庭。

以下也集中列举一些本案侦查（调查）机关的其他程序违法之处。

一是本案中涉及会计专业事项，应当委托有资质的司法会计鉴定机构进行鉴定，这样可以充分听取控辩双方的意见，接受双方提供的相关材料，作出客观公正的司法鉴定，而不是拿行政办案中的审计报告来替代。公诉人称，控方是将审计报告作为书证来对待的。但书证是以其记载或表达的思想内容来证明案件真实情况的文字材料和其他载体；鉴定意见是鉴定人接受检材，然后根据对检材的研究分析所作的专业判断，是根据办案人员提供的证据材料作出的意见性判断。本案中的审计报告不是案件本身形成的书证，而是根据办案人员提供的检材作出的判断，其性质是鉴定意见无疑，但又无法在法庭上按鉴定意见来进行质证，严重影响对案件中专业事实的查明。辩护人现在依然坚持应进行司法会计鉴定。

二是工程造价鉴定，案卷材料没有反映出是否委托了有资质的鉴定机构和鉴定人员，同样导致案件所涉及的 5.83 万元损失金额无法充分质证，从而无法查明该事实。

三是严重的选择性取证，本案为干部在扶贫工作中涉嫌滥用职权，居然不向分管副县长和扶贫办人员进行询问，这样相关事实如何能查得清楚？此外，办案人员不调取两个年度项目变更的全部附件材料，委托审计时也不提供收益方面的材料，导致审计结果片面。

四是询问 11 名村干部的证人笔录中未客观公正地记录证人证言，而是存在严重的复制粘贴现象，使得证据失去应有的证明价值。

五是县政府对两个年度的项目变更的批复，已经清楚地证明西干沟乡的扶贫项目实施方案经过县政府审批，办案机关却硬是让扶贫办出具《情况说明》，让县政府出具《复函》以配合办案，使得案情更加扑朔迷离。

以上这些，不少是要问责的，我们期待法院能够发出相应的司法建议。

七、最后发表一点量刑辩护意见

辩护人为张利新作无罪辩护，本不需要发表量刑意见，但最高法院等五部门联合发布的《关于依法保障律师执业权利的规定》第 35 条明确规定："辩护律师作无罪辩护的，可以当庭就量刑问题发表辩护意见。"因此，即使法院判决张利新有罪，他也存在诸多从宽处罚情节。

一是张利新 2017 年 11 月 23 日和 2017 年 12 月 29 日在县纪检监察机关的两次谈话中，已经完全讲清了本案中的相关事实。根据有关解释，犯罪嫌疑人被司法机关口头或电话传唤后直接到案，并如实供述自己的罪行的，应当认定为自首。虽然张利新"不认罪"，但是否犯罪是对行为法律属性的判断，不能要求当事人非常懂法，当事人有可能是法律认识产生错误。但只要如实交代案件事实，就不影响自首的认定。

二是张利新这次参与乡里的扶贫工作，主观上是想让贫困户们早点脱贫、从根本上脱贫。这些工作中出现了损失，是在创新干事中出现的问题，应当参照容错纠错机制的规定，给予从轻或免除处罚的处理。

三是张利新一贯表现良好，连续多年工作考核均为优秀，又是"初犯""偶犯"，这也是酌定从轻处罚情节。

也就是说，即使不得不定罪，也请法官综合考虑上述因素，适用定罪免刑。

综合言之，辩护人认为，被告人姚敏捷和张利新作为当地农村土生土长起来的乡镇干部，他们对农民有感情，对农村有感情，对农村工作有热情、有想法、有干劲。即使从这起因扶贫工作出现失误而引发的案件中，辩护人也未能从案卷中看到他们诸如私心太重、工作马虎、目无组织、大包大揽、无视群众利益等情况。相反，他们尊重科学，尊重组织，尊重群众，一心扑在工作上，哪有这样的"滥用职权"者？！

在辩护人心目中，他们是难得的基层农村的好干部！对这样的干部动用刑事手段治罪，会寒了众多乡镇干部的心！会让更多的年轻干部不敢作为！

辩护人期待法院能够排除法律程序之外的强烈干扰，根据法庭调查查明的事实，大胆作出公正判决。

2019 年 9 月，一审法院作出判决，法院认定姚敏捷和张利新的行为已构成滥用职权罪，且属情节特别严重，系共同犯罪，判处二人有期徒刑

3年，缓刑4年。

二人对判决结果不服，并以一审判决认定滥用职权及其造成的后果事实不清、证据不足等理由上诉至内蒙古自治区锡林郭勒盟中级人民法院，请求二审撤销原判，依法改判两人无罪，或者发回原审法院重新审判。

2020年3月27日，锡林郭勒盟中经人民法院二审裁定维持一审有罪判决。但值得注意的是，二审裁定书从律师7000多字的无罪辩护意见中详细摘录了近3000字的主要观点，为案件启动再审程序创造了条件。

二审判决生效后，有近十家媒体以"扶贫干部项目亏损是错还是过"为主题进行了报道和评论，短时间内强烈的舆论关注很快引起了社会公众及有关部门的关注。

2020年3月31日，锡林郭勒盟中级人民法院决定按审判监督程序启动再审，4月3日即裁定撤销原一、二审裁判，发回重审，理由是"原审判决认定姚敏捷、张利新犯滥用职权罪的事实不清"。2020年4月8日，多伦县检察院正式向多伦县人民法院申请撤诉，多伦县法院裁定准许撤诉，该案尘埃落定。

✍ 律师手记

生效后11天纠错完毕

刘昌松

2020年3月27日，内蒙古多伦县西干沟乡原党委书记姚敏捷、乡长张利新收到二审刑事裁定书（落款显示的裁判制作日期为2020年2月28日），二审裁定维持一审以滥用职权罪判处两人有期徒刑3年，缓刑4年的结果。

2020年3月28日，《民主与法制时报》以《因项目亏损被指扶贫不力 内蒙古一乡党委书记、乡长同时获刑》为题进行了报道。该报记者邵春雷旁听了本案二审审理，庭后又到案发地走访了大量村民和村干部，考查了项目实施地点。由于采写过程跨年及疫情的影响，报道未在二审裁判作出前出台，获知终审裁判后，记者便抓紧采写，并于终审裁判作出次日刊发报道。

2020年3月28日，澎湃新闻发表《扶贫项目亏了，就一定要追究干部的渎职罪？》的评论。

2020年3月29日，红星新闻发表《扶贫干部因项目亏损获刑，应厘清"罪""过"边界，让他们想做事做好事》的评论。

2020年3月30日，中国网浪潮新闻发表《扶贫官员"好心办错事"获刑，是一种反向激励》的评论。

2020年3月30日，新华社新华每日电讯发表《干部因扶贫项目亏损获刑？需要尽快给个说法》的评论。

2020年3月30日，《人民日报》转发新华每日电讯《干部因扶贫项目亏损获刑？需要尽快给个说法》的评论。

2020年3月30日，《半月谈》转发《民主与法制时报》的报道，但题目改编为《是错还是罪？内蒙古两乡干部因扶贫项目亏损获刑》。后来《民主与法制时报》的原初报道被删，但《半月谈》的转载至今存在。

2020年3月31日，锡林郭勒盟中级人民法院决定按审判监督程序再审姚敏捷、张利新滥用职权案；2020年4月3日，法院作出撤销原一、二审裁判，发回多伦县法院重审的刑事再审裁定；2020年4月8日，多伦县检察院以"没有犯罪事实，不应起诉而应作出不起诉决定"为由要求撤诉，多伦县法院裁定准许撤诉，冤案获得昭雪。

按理，多伦县检察院撤回起诉后，还应作出不起诉决定，才算在程序上为本案画上圆满句号，但这一决定一直未作出，是为遗憾。不过，对当事人的经济赔偿和职务待遇恢复没造成任何影响（对问责有影响）。两名基层干部还得以在体制内工作，也就没再计较。

此案一、二审程序中，辩护律师均作无罪辩护，无罪理由非常充分。有意思的是，二审无罪辩护意见7000多字，二审裁定书摘录了其中近3000字，这在不支持无罪辩护的裁判文书中并不多见。

一般情形下，法官基于各种原因而不采纳无罪辩护意见时，会将裁判文书写得尽量简略些，辩护意见往往被概括为几句话或者几百字的一段话，评判时往往以一句"辩护人的辩护意见无事实和法律依据，本院不予采纳"作结，而不具体释明不采纳的理由。本案二审裁判文书如此处理，向外界透露了一个讯息：对于此类案件，法官很难采纳律师意见作出无罪判决，哪怕无罪辩护理由非常充分；有良知的法官会将理由充分的无罪辩护意见在裁判文书中充分体现出来，一是尊重律师的智慧劳动，二是为将来的纠错程序埋下伏笔。这样的裁判文书仿佛在说："当事人和辩护人，法官只能帮你们到这了！"这也反映了部分司法人员的无奈心态。

2020 年 3 月 27 日，本案有罪判决生效，4 天后即启动再审程序，此后 7 天之内即将再审纠错程序全部走完，可谓司法史上"纠错最快的无罪辩护案件"。

在办理本案的过程中，律师有这样一些体会：很多涉嫌职务犯罪的案子，无论律师无罪辩护的理由有多么充分，法检机关很难径行作出无罪不起诉或无罪判决，本案即是一例。本案中两名当事人分别为多伦县西干沟乡党委书记和乡长，扶贫时都非常敬业，经常同村民和村干部奋战到深夜，未往自己腰包里装一分钱。但因扶贫项目中食葵的市场价格骤变等原因致使项目亏损，被监委刑事问责，好在县委书记怜惜两部下，两人均被取保候审而没有羁押一天。

两名当事人清楚，他们要么同时获罪要么同时无罪，故二人并肩作战而不是互相拆台，共同聘请一名北京律师和一名本地律师——本地律师熟悉当地情况，方便同办案机关联系沟通；外地律师发表意见比较超脱，两者珠联璧合，把案件中的要害点都发掘出来了，这也是案件后来能很快平反昭雪的重要原因。

本案中，确认两名当事人滥用职权的关键是，他们是否未经过民主程序，未经县政府批准，擅自变更扶贫项目，导致严重亏损。办案中，我们重点抓住了五个关键点：

一是紧紧抓住案卷中有县政府两份批复批准了项目变更——尽管县政府也向纪委出具了一份说明，称批复实际上是次年倒签日期形成，当年并没有批复——但我们认为项目确有批复是事实，追认的批准也是批准，且该批复文件依然是几级政府扶贫机构存档有效的扶贫文件，不能用一纸说明否定其效力。

二是协助当事人公证了当年4月即通过电子邮件向县扶贫办上报了项目变更的电子数据，有力地证明了项目实施当年春天即及时上报了项目变更，两个月后县政府作出批复是可信的（县政府后来的说明反不可信）；即使批复次年才作出，也是县政府迟迟未批造成的，农业项目有"季节不等人""春种秋收"的特点，必须及时实施，迟批复的责任也不在两位乡干部。

三是协助两名当事人收集了两大本300多页证据材料，证明当时变更扶贫项目是经历过民主程序和科学决策形成，而不是两人擅自作为的；扶贫也产生了很好的效益，不能只算出账而不算进账。

四是抓住了原西干沟乡班子成员、纪委书记冀宝良参与了涉案扶贫项目的讨论和决策，后提拔到县监委工作，居然参与了本案一多半的书证材料的调查收集，尤其以冀宝良提出自行回避不被准许的严重程序违法为由，根据最高人民法院《人民法院办理刑事案件排除非法证据规程（试行）》第3条，"采用非法搜查、扣押等违反法定程序的方法收集物证、书证，可能严重影响司法公正的，应当予以补正或者作出合理说明；不能补正或者作出合理解释的，对有关证据应当予以排除"的规定申请排除这部分证据材料，公诉人在庭前会议上也同意了。但离开这部分证据，根本无法定案，开庭审理中法庭却主动否定了庭前会议达成的排非共识，不传冀宝良出庭，也无任何合理解释，就是不启动排非程序，并让辩护人不要再纠缠于此，释明若将来不服判决可以该理由上诉。

五是指出亏损的认定也存在诸多疑点。因为所谓扶贫项目亏损，其中最大一笔亏损157万余元的依据，是县审计局的一份审计报告，我们聘请了中国政法大学司法会计研究中心主任张苏彤教授作出了书证审查意见，张教授并以专家证人身份出庭，将审计报告不得作为鉴定证据使用、其计算毫无科学性可言的专业观点完整地表达了出来。

可以说，五箭齐发，无罪理由十分充分。只是两级检察院和两级法院都未能坚守住底线，最终铸成错案。

本案纠错的过程也证明了一个事实，适当的媒体的适度参与，对于纠正错案是有助力的。本案生效判决送达后，辩护律师向媒体披露了全部事实，也不担心被指控以不正当方式影响依法办理案件（因为案件已经办结了）。三天时间内澎湃新闻、中国网、红星新闻、新华每日电讯等媒体连续发布四五篇评论，《人民日报》《半月谈》等参与转发，这样短时间内的强烈舆论关注度，很快引起上层领导的关注，这才使得案件火速得到纠错。本案得到纠正后，财新网派记者到律所查阅案卷材料三天，并对当事人和有关证人做了进一步调查，后写出洋洋万言的综合报道《扶贫项目亏损以后》（刊发于2020年5月4日出版的《财新周刊》），算是对本案作了比较全面的总结。

评议

很多人认为舆论会干预司法，其论断主要有这几个理由：其一，舆论情绪化，不理性，容易被策动；其二，舆论发酵过程中，信息的传递容易出现错误；其三，司法机关为了尽快平息舆论，可能会违法轻判、重判，或采信错误的案件事实。

刑事审判说到底无非是事实认定和法律适用问题。在案件事实认定的层面，舆论就算把案件事实变出"花"来，司法机关也不可能根据网络传播的案件事实作出认定和裁判，因此，认为案件事实在舆论传播过程中发生谬误，甚至法院基于错误的案件事实作出认定，很多时候是杞人忧天。所谓的案情"反转"，只会因刑事诉讼程序的公开、透明，在舆情中出现"辟谣"的效果而更加有利于澄清事件，既保障了公众的知情权，也得到了公众的理解。

　　比较值得探讨的是在法律适用环节，倒是有可能因司法机关机械司法，导致法律解释、判决说理遭到舆情的攻击。那些机械司法的办案人员，通常会用"法律就是这么规定的，我也没办法"；"我们这一直都是这么办的，你说再多也没用"来为自己的"机械司法"辩护。恰恰是这样的案件，在一些具体个案中，严重冲击人民群众朴素的正义底线，引起关注，进而形成舆情。个别办案人员用自己对法律的机械理解掩盖错案办理中的做法，本身就是在以牺牲司法公信力的方式为个案错案背书。

　　本案原二审裁判作出后，有近十家媒体以"扶贫干部项目亏损是错还是过"为主题进行了报道和评论，《民主与法制时报》报道，澎湃新闻、中国网、红星新闻、新华每日电讯等媒体发表评论，《人民日报》《半月谈》等都参与转发，足见该案受媒体关注度之高。地方司法机关仅用 11 天就完成了立案再审、发回重审、撤回起诉等一系列法律程序。堪称史上最快纠正的错案，足见媒体在监督司法、促进司法公正当中的重要作用。

轿车凌晨起火惹嫌疑　两度被判10年终无罪

何　锐　陈秀云

回顾

这是一桩蹊跷的汽车着火案。

2017 年 9 月 12 日凌晨 4 时左右，文兴苑小区保安在监控室发现停车场有火苗，安保人员及时赶往现场，发现着火车辆为一辆本田轿车。当时车上罩着塑料布，目测火苗从机盖冒出，伴有浓烟和响声。安保人员立刻拿灭火器进行扑救，安保人员在现场没有看见车周围有易燃易爆的物品。

这辆车的车主是文兴苑小区的业主雷岳万。他介绍，这辆车是 2016 年 12 月 21 日购买的，全车价值计算下来一共 28 万元。因为打算长时间不开，雷岳万停好车后给整车罩上了车衣。停车时的车前后左右都没有易燃易爆的物品，当时他还特意避开了垃圾桶存放地，车内也没有易燃易爆物品，只有一些手续文件。这辆车着火后，左右挨着停放的两辆车也有不同程度的毁坏。

9 月 12 日凌晨 1 时许，耿军与朋友在烧烤店吃饭，喝了半斤酒。返家的路上，他看到有一家四口在一起吃饭非常温馨，就想起了和前妻当年的生活，感觉一个人回家孤零零的，就想多走一走。耿军手机中骑行小黄车的记录显示，他于当日凌晨 3 时许，去过太原市小店区长风街寇庄西路口的文兴苑小区。

警方在天网监控视频中也拍到了耿军出现在文兴苑小区的画面，也有证人称看到了耿军，耿军因此被锁定为犯罪嫌疑人。

☀ 案件

2017 年 11 月 3 日，耿军以涉嫌犯放火罪为由，被太原市公安局小店分局刑事拘留，同年 11 月 17 日，经太原市小店区人民检察院批准逮捕。太原市小店区人民检察院于 2018 年 7 月 6 日向法院提起公诉。

起诉书指控：2017 年 9 月 12 日 1 时许，被告人耿军独自一人骑行小黄车沿着解放路向南，于凌晨 4 时许行至文兴苑小区内，将被害人雷岳万停放在小区内的本田雅阁轿车点燃后离开，造成被害人雷岳万的车辆烧毁，停放在雷岳万车辆两侧的两辆机动车不同程度毁坏。经太原市小店区价格认证中心鉴定，被烧毁的轿车车损价值 203450 元；被毁坏的其他两辆车车损价值分别为 15453 元和 4097 元；三辆车损失共计 223000 元。

检察院认为，耿军放火致公私财产遭受重大损失，经鉴定车损价值共计 223000 元，其行为已触犯《刑法》第 115 条第 1 款的规定，犯罪事实清楚，证据确实充分，应当以放火罪追究其刑事责任。

2018 年 12 月 24 日，山西省太原市小店区人民法院判处耿军犯放火罪，有期徒刑 10 年，并支持受害人的民事诉讼请求，耿军需赔偿 5 万余元。耿军不服提出上诉。

辩护律师何锐、陈秀云在二审阶段介入，以作案时间、现场痕迹物证证明、消防队调查报告为突破口，指出本案没有直接证据证明耿军实施了犯罪行为，间接证据亦不能形成完整的链条，促使案件发回重审。

2019 年 12 月 4 日，重审一审法院依然判处耿军有期徒刑 10 年。耿军再次上诉。

面对重审二审，辩护律师承受着巨大压力，针对证据问题提出异议，经反复争取，太原市中级人民法院开庭审理此案。

在庭审中，出庭检察员提出：本案的定罪量刑建议是综合全案的证据作出的。从耿军手机中调取的小黄车行驶路线和侦查机关根据监控还原的路线是基本吻合的，而且小区监控的内容也排除了其他人的作案嫌疑。辩护人所提到的侦查违规，从侦破过程看是不存在的。公安机关是通过还原天网视频追踪来对嫌疑人的行踪轨迹进行确定的，并没有相关规定说明这种技术是违规的，该技术手段是可以使用的，并且从侦破过程可以看出公安机关是怎么锁定嫌疑人的，这更可以得知嫌疑人的锁定是真实客观的。对于起火时间、事故认定，相关单位后期予以了纠正，对起火原因的认定和火灾事故认定书的内容是客观真实的，而且出具认定书的相关单位是有资质的。也即，小黄车的行车轨迹以及嫌疑人的行踪轨迹是相互吻合的，案发时间段也排除了其他的嫌疑人，虽然被告人不认罪，但是可以认定被告人有作案的动机，案发时间段其也到过案发现场，而且从侦查实验可以看出，被害人的车也可以瞬间点燃。据此，可以认定他的放火行为。

辩护律师无罪辩护理由如下。

原判认定的关键点是"耿军酒醉后尾随赵雪丽进入文兴苑小区"点燃车辆，这是错误的，因为在案证据可以证实尾随赵雪丽进入小区者不是耿军，耿军不具备作案时间和空间，完全不能排除他人作案的可能性。

在案证据证实耿军当晚共骑行过3次小黄车，因时间琐碎，为便于说明，以表格形式参考（见表1）。

表1　耿军小黄车骑行记录

骑行次数	开始时间	骑行时长	锁车时间
第1次	3点13分23秒	1分37秒	3点15分
第2次	3点36分46秒	16分14秒	3点53分
第3次	4点06分21秒	39秒	4点07分

以下分为七个部分进行具体阐述。

一、原判认定尾随赵雪丽者是耿军，缺乏证据证明。相反，在案证据证实尾随赵雪丽进入小区者，不是耿军。说明本案系他人作案，耿军没有作案时间

（一）一路尾随赵雪丽进入小区者，不是耿军。公安机关没有锁定真正的行为人

公安机关出具的《耿军放火案部分视频截图补充说明》中记载，赵雪丽2017年9月12日3时55分到3时57分步行在太原市小店区长风街长治路口西侧便道上。耿军3时55分开始尾随赵雪丽，3时56分到3时57分骑小黄车在太原市小店区长风街长治路口西侧便道上。公安机关试图用该证据证明骑小黄车尾随赵雪丽的人是耿军。

然而，小黄车记录显示耿军3时53分已锁车，再次开始骑行是4时06分21秒。换言之，3时53分到4时06分21秒之间，耿军没有骑小黄车。更谈不上骑小黄车尾随赵雪丽。那么从3时55分到3时57分骑小黄车尾随赵雪丽的人是谁？至少根据骑行记录判断，该人不是耿军。

庭审中，辩护人要求检察员对《耿军放火案部分视频截图补充说明》出现的矛盾点进行说明，但是检察员一直顾左右而言他，不作正面回答。

所以，公安机关将此时骑小黄车尾随赵雪丽者认定为耿军，是完全错误的。既然骑小黄车一路尾随赵雪丽进入小区者不是耿军，说明公安机关没有锁定真正的行为人。到底是谁尾随赵雪丽进入小区，还需要公安机关进一步侦查。

（二）即便按照公安机关认为的小黄车系统记录的时间比北京时间快5分钟计算，依然可以证明尾随者不是耿军

公安机关2018年11月26日、2019年5月22日分别作出《耿军放

火案中小黄车时间说明》，试图证明"小黄车系统记录时间要比北京时间快5分钟左右"。

姑且不论该说明的真实性。先按照公安机关的逻辑计算，根据小黄车记录，耿军3时53分锁车，下一次骑车是4时06分21秒。依"快5分钟"的标准计算，第一次骑行后锁车的时间应为北京时间3时48分，第二次骑车是北京时间4时01分21秒。同样不符合3时55分到3时57分骑车尾随的时间段，这段时间对耿军而言是空白的。这也进一步证明从3时55分到3时57分骑小黄车尾随赵雪丽进入小区的人，不是耿军。

（三）赵雪丽不能证明，也没有证明尾随者是耿军

赵雪丽只是陈述有人跟着她，其本人无法进行辨认。其证言不能证明什么内容，不具有相关性。因此，原判直接认定是"耿军酒醉后尾随赵雪丽进入文兴苑小区"，实属错误。

另外，在案证据证实凌晨3时49分、3时50分，路上走路、骑车和开车者众。而且当时小黄车满大街都有，更加不能排除是他人骑车尾随赵雪丽。

（四）小区监控中有穿半袖人员出现，不排除他人作案的可能性

公安机关出具说明："根据小区监控录像显示，2017年9月12日3时34分至2017年9月12日3时40分，只有耿军和赵雪丽两人进入过小区，这段时间内，小区未发现其他人。"

但是小区监控显示，3时45分时有穿半袖的人员出现，既然有人出现，就不能确定此人在3时34分到3时40分之间的活动范围。这与公安机关所作"小区未发现其他人"的说明相互矛盾，毕竟案发时现场为开放式，更加说明本案不排除他人作案的可能性。

综上，小区外一路尾随赵雪丽进入小区者，不是耿军。加之有穿半袖人员出现，他人作案的可能性陡增。

二、原判认定的案发现场缺乏痕迹物证证明。公安机关现场勘查中没有发现、提取到任何与耿军相关的痕迹物证，在案证据与本案或耿军缺乏关联

原判认定是耿军进入文兴苑小区实施放火行为。但是，公安机关《现场勘验检查笔录》、消防队《现场勘验笔录》证实，在现场没有发现、提取到任何与耿军相关的痕迹物证，没有证据证明耿军到过现场。

本案没有任何能够将耿军与案发现场或案发现场车辆联系起来的客观性证据，更没有提取到其作为亲历者所知晓的隐蔽性证据。所以，全案证据尚未达到确实、充分的法定证明标准。

小区监控中模糊的人影与本案或耿军缺乏关联。检察员认为真玉坊门口视频截图中的人是耿军，那么之后所有的人就都是耿军。但是真玉坊门口的人是耿军，并不意味着随后进入文兴苑小区的人就是耿军，况且公安机关出具的《关于小区内监控人员身份进行司法鉴定》的说明，证实对监控中的人员无法做司法鉴定，所以不能认定该人是耿军。

综上，原判认定的证据证明力不足，现场没有提取到与耿军有关的生物痕迹。本案没有证实耿军实施放火行为的客观证据。据此认定系耿军作案的依据不足。

此外，辩护人还提出，不论起火时间是4点06分还是4点37分，都与耿军无关。

如前所述，一路尾随赵雪丽进入小区者不是耿军，而且现场没有任何与耿军有关的痕迹。所以，起火时间已不重要，不论是4点06分还是4点37分，均与耿军无关。

如果起火时间是4点06分，小黄车骑行记录证实耿军4点06分21秒扫码开始骑车，锁车时间是4点07分，耿军没有作案时间。如果起火时间是4点37分，《侦查实验笔录》证实烟头无法点燃具备阻燃功能的车衣，只有使用打火机或其他物品直接点燃才能瞬间着火。但是监控显示

行为人 4 点 07 分走出小区，假若此人是耿军，产生两个矛盾：（1）耿军 4 点 07 分正在骑小黄车，没有作案时间。（2）30 分钟之后的火灾与 4 点 07 分离开小区者无关。

综上，本案很蹊跷地出现了两个起火时间，无论认定哪个时间，原判都不能作出合理解释。所以，原判直接回避了这个问题，没有对起火时间作出认定，非常遗憾。

四、消防队随意推翻起火时间认定，使调查报告失去公信力。同理，不能排除电气线路故障、遗留火种、自燃等引发火灾的可能性

谈到起火原因，必须先谈起火时间。

太原市公安消防支队小店区大队作为国家综合性应急救援队伍，作出的《汽车火灾事故调查报告》（以下简称《调查报告》）具有权威性、严肃性和公信力。

《调查报告》认定起火时间的描述为："结合最先发生火灾时的规模和发现时间以及被烧物品的烧损程度情况，分析确定起火时间为 2017 年 9 月 12 日 4 时 37 分左右。"出人意料的是，消防队后来作出《情况说明》，称 04 时 37 分的时间认定错误，原因是根据报警人田志强陈述，"经过核查监控及监控误差时间，发现实际起火时间为 2017 年 9 月 12 日 04 时 06 分左右"。

可以看到《情况说明》与《调查报告》对起火时间的认定严重矛盾，消防队用荒谬的理由推翻了自己的认定，使这两份文件丧失了公信力。既然认定起火时间可以随意更改，那么《调查报告》记载的其他内容就很难具有公信力。比如起火部位、起火原因都令人质疑——起火部位一定是汽车驾驶员前部吗？起火原因是什么？可以排除电气线路故障、遗留火种、自燃等引发火灾的可能性吗？

《调查报告》的随意性还体现在最后一页第（3）点，这段文字短短114个字，已经出现了4个错别字，分别是"不排除防火起火""表面过火谈话呈黑色""不可以排除防火引发"。除此之外，涉及"自燃"的表述全都写错为"自然"。如此有失严谨的《调查报告》的确难以让人信服。

综上，《调查报告》不具有证明力。消防队在认定起火时间的问题上自相矛盾、过于随意，故不能排除电气线路故障、遗留火种、自燃等引发火灾的可能性。

五、小黄车记录时间与北京时间不存在时间误差，因为小黄车依靠GPS定位，这是常识，无须证明。公安机关的《情况说明》不具有证据能力

公安机关2018年11月26日、2019年5月22日分别作出两份《耿军放火案中小黄车时间说明》："小黄车记录时间与北京时间有误差，但误差时间不是很大，具体误差多长时间不详。"公安机关得出结论："小黄车系统记录时间要比北京时间快5分钟左右"；"经与小黄车客服沟通了解，小黄车系统记录时间与北京时间有误差，但误差时间不是很大，具体误差时间长度为5分钟左右。"

对此，辩护人不予认可，理由如下。

耿军3次骑行小黄车的截图显示，每次骑行都有时间、时长和路线记录。从截图看到，路线是显示在地图上的，也就是说，小黄车依靠基站进行GPS定位，辩护人一审期间也提交了相应证据。如同开车使用百度地图、高德地图导航的原理一样，甚至包括网约车等，都是内置地图自动记录生成时间、距离和路线。这些数据完全依赖于GPS定位生成。GPS在今天已不是高端技术，大数据日臻成熟和完善，后台系统数据时时处理和更新，不允许有1秒误差，怎么会产生"5分钟误差"这样匪

夷所思的事情呢？

小黄车客服电话 4000507507 早在 2018 年春节后已打不通。证明公安机关 2018 年 11 月 26 日、2019 年 5 月 22 日所作"经与小黄车客服沟通了解"的说明必然为假。一审庭审前，辩护人于 2019 年 8 月 13 日去北京小黄车总部，了解到小黄车记录时间与北京时间不存在误差。随后辩护人提交了《调取证据申请书》，遗憾的是一审法院没有重视。

经查阅公开信息，当时小黄车招聘客服的条件是高中学历及以上。辩护人对客服没有任何偏见，只是认为，第一，即便公安机关问客服时间误差，客服能准确解答吗？第二，客服的回答能够代表小黄车所属公司的意义吗？第三，公安机关若打过电话给客服，为什么没有通话记录或录音等证据？种种行为证明公安机关的说法无法令人信服。

综上，小黄车依靠 GPS 定位时间、距离和路线是常识，无须证明。加之公安机关在客服问题上有说谎的可能，所以，公安机关出具的关于时间误差在 5 分钟左右的说明不具有证据能力。

六、耿军不认识文兴苑小区的人，从未去过该小区，没有作案动机

原判认为"结合文化苑小区内监控截图及被告人个人供述，反映出被告人具有一定的作案动机"，完全错误。

第一，公安机关出具的《关于小区内监控人员身份进行司法鉴定》的说明，证实对监控中的人员无法做司法鉴定，所以不能认定监控拍到的人是耿军。第二，耿军供述不认识文兴苑小区的任何人，从未去过该小区，其供述没有体现出哪怕一丝的作案动机。奇怪的是原判如何认定耿军具有一定的作案动机？

综合监控截图及耿军个人供述，也不能证明任何内容。原判却依此认定耿军具有一定的作案动机，实在难以令人信服。

七、侦查机关在侦破本案过程中，违法使用技术侦查手段，涉嫌程序违法

《"9·12"文兴苑放火案侦破报告》（以下简称《侦破报告》）在第二卷第12页记录："我队民警化妆侦查，以核查重点人员信息为由，将耿军约至迎泽派出所附近，将其抓获。"

此记录证明公安机关违法使用技术侦查。关于《侦破报告》提到的"技术侦查"，依照《刑事诉讼法》的规定，本案不属于危害国家安全、恐怖活动、黑社会性质等需要采取技术侦查措施的案件，案卷中也没有关于技术侦查措施的批准手续，这可以证明公安机关违法使用技术侦查措施。

本案为什么需要化妆侦查？原审时，辩护人质疑公安机关使用"化妆侦查"锁定耿军为犯罪嫌疑人。审判长庭后特意问"化妆侦查"在哪里，辩护人指出在第二卷第12页，审判长当时折页称庭后核实，但之后没有回复。如果辩护人没记错的话，第二卷第12页还有折痕。

不能因为耿军是重点人员，就认定其实施了犯罪行为。我们不否认耿军曾犯过错，这次又进入了公安机关的视野，有理由被视为重点人员，其作案嫌疑陡然上升。但仅依据这样的侦查思维将其定罪判刑，对耿军不公平。

综上所述，辩护人认为，本案没有直接证据证明耿军实施了犯罪行为，间接证据亦不能形成完整链条。原审据以定案的证据没有达到确实、充分的法定证明标准，认定耿军犯放火罪的事实不清、证据不足，依法不能作为定案的根据。按照疑罪从无的原则，不能认定耿军有罪。

2020年9月30日，山西省太原市中级人民法院作出终审判决，宣告耿军无罪。

针对上诉人耿军提出的上诉意见、辩护人提出的辩护意见，及出庭检察员、原审附带民事诉讼原告人提出的相关意见，根据本案事实和证据，法院评判意见如下。

（一）本案在案证据可以认定为人为放火

经查案发现场文兴苑小区的监控视频，可以反映出一名嫌疑人在2017年9月12日4时01分24秒进入文兴苑小区，在4时05分20秒嫌疑人进入文兴苑小区3号楼2单元北侧路旁停放的两车之间，4时5分44秒嫌疑人从两车之间出来向小区外方向离开，4时7分20秒嫌疑人离开文兴苑小区。而文兴苑小区3号楼2单元北侧路旁停放的车辆是在4时6分左右被点燃。根据监控视频可以看出，嫌疑人进入两车之间后停留20余秒，且从两车之间出来后10余秒，车辆着火。查看嫌疑人出来后的监控视频，可以看出嫌疑人手中拿着点着的香烟。结合侦查实验，可以证实被烧的同款品牌、材质、功能的车衣用打火机能够点燃且能瞬间着火的结论，和可以排除电气线路故障、遗留火种、自燃等引发火灾的可能性，不能排除放火引发火灾的可能性的火灾事故认定，在案证据足以证实本案车辆系被他人放火所为，故本案应认定为人为放火。

（二）认定上诉人耿军实施放火行为的在案证据不足，且证据之间存在矛盾

经查，文兴苑小区的监控画面模糊，视频监控中的嫌疑人的面部通过肉眼无法确认系耿军。为此，在法院上次发回重审中，要求侦查机关对文兴苑小区监控内的人员进行司法鉴定，以确认进入该小区并出现在着火车辆现场的监控中的人员系本案上诉人耿军。但太原市公安局小店分局平阳路责任区刑警队出具的《关于小区内监控人员身份进行司法鉴定》的说明称：通过工作，暂无法做司法鉴定。而本案中并没有其他证据可以证实进入文兴苑小区实施放火的嫌疑人便是耿军，故认定上诉人耿军进入案发现场的证据不足。

另查明，侦查机关调取的小黄车行程路线图及截图证实，2017年9月12日4时06分21秒至4时07分，上诉人耿军在骑行小黄车，同时根据

小区监控视频和侦查机关、小区物业出具的说明，可以证实嫌疑人实施放火的时间是2017年9月12日4时06分左右，且监控视频中未发现有人骑车进入小区，因此，根据小黄车行程路线图及截图证实，上诉人耿军与出现在案发现场的嫌疑人在时间上存在冲突。虽然太原市公安局小店分局平阳路责任区刑警队出具了《耿军放火案中小黄车时间说明》拟证实：经与小黄车客服了解，小黄车系统记录时间与北京时间有误差，但误差时间不是很大，具体误差时间为5分钟左右。但在没有小黄车公司及相关部门的认定的情况下，仅根据该情况说明来认定小黄车系统记录时间与北京时间有误差，显然证据不足。

综上，认定上诉人耿军实施放火行为的在案证据不足，且证据之间存在矛盾。

（三）侦查机关的侦查活动符合法律规定的程序

关于辩护人提出"侦查机关在侦破案件过程中，违法使用技术侦查手段，涉嫌程序违法"的相关意见，经查，侦破报告能证实，侦查机关在侦查过程中依法调取了小区的监控、天网监控和上诉人耿军的行动轨迹路线，通过比对以确认嫌疑人。上述侦查活动均系在刑事立案后所实施，并不违反相关法律的规定。故该相关辩护意见，不予支持。

法院认为，在案现有证据不足以证实文兴苑小区内车辆被点燃，系上诉人耿军所实施，亦不能排除合理怀疑得出唯一结论，即上诉人耿军实施了放火行为，故原审法院认定耿军犯放火罪的罪名不能成立，依法应当宣告无罪，原审附带民事诉讼原告人的诉讼请求，亦无法支持。上诉人耿军及辩护人提出不构成放火罪的相关意见，符合法律规定，法院予以采纳。经法院审判委员会研究决定，依照《刑事诉讼法》第200条第（3）项、第236条第1款第（3）项之规定，判决如下：

1.撤销太原市小店区人民法院（2019）晋0105刑初487号刑事附带民事判决。

2.上诉人（原审被告人）耿军无罪。

3.驳回附带民事诉讼原告人的诉讼请求。

本判决为终审判决。

✐ 律师手记

证据链条上的缺失

何锐

2018 年底，太原市小店区人民法院认定耿军犯放火罪，一审判处有期徒刑 10 年。耿军不服，上诉至太原市中级人民法院。

2019 年 1 月，耿军家属找到我们。初看判决书，我们发现一审辩护人在太原颇有名气，顿时备感压力，心想此案恐怕难有作为。看完判决书之后，我们惊讶地发现本案证据之间并没有形成一个完整的链条，尽管材料有限，但直觉告诉我们，本案有很大的辩护空间。

于是，2019 年 1 月 24 日，我们接受二审委托。

阅卷之后，经研究分析，我们发现上诉人耿军根本不构成犯罪。本案存在诸多疑点，最重要的是耿军不具备作案时间和空间，不能完全排除他人作案的可能性。鉴于此，辩护人与主审法官沟通并提交辩护词。2019 年 4 月 22 日，太原中院裁定撤销原判，发回重审。

本案重新进入一审。

2019 年 8 月 29 日，小店区人民法院开庭审理。之前辩护人也提交了调取证据和申请证人出庭作证的相关材料，一审法院均未准许。

2019 年 12 月 5 日，一审法院依然以放火罪判处耿军有期徒刑 10 年。耿军再次提起上诉。

面对此次二审，辩护人承受着巨大的压力。针对本案证据存在的问题，辩护人对第一审认定的事实、证据等提出异议，申请二审法院开庭审理。太原中院法官本着认真、负责的态度，同意开庭审理。庭审中，辩护人的观点很明确——本案没有直接证据证明耿军实施了犯罪行为，间接证据亦不能形成完整链条。原审据以定案的证据没有达到确实、充分的法定证明标准，认定耿军犯放火罪的事实不清、证据不足，依法不能作为定案的根据。

最终，2020年9月30日，太原中院作出终审判决，宣告耿军无罪，耿军在看守所待了1063天后，终于恢复了自由。

评议

耿军涉嫌放火案反映了一种现象，就是一些基层法院不愿径行作出无罪判决。从该案第一次上诉后二审法院作的裁定来看，太原中院是以事实不清、证据不足发回重审的，这表明二审法院一定程度上认可了辩护律师提出的疑罪从无的主张。案件存疑是一定的，至于是否要"疑罪从无"，发回一审法院再查查看。从这个过程可以看出，太原中院已经充分发挥了二审的监督职能，并将案件证据不足以定罪的现状向一审法院作了传达。

令人遗憾的是，一审法院未能理会二审法院的"良苦用心"，不理会律师调取证据的主张，仍维持第一次一审判决的结论，这在一定程度上反映了个别基层法院的法官缺少担当。面对存疑案件，不敢疑罪从无，仍把"皮球"踢给上级法院。

该案反映的另一个现象是，一些司法机关对于案件事实的认定，把办案机关的《情况说明》视为证明力最高的证据，甚至无视《情况说明》与客观事实是否相符，与一般经验和生活常识是否相符。这应当是司法实务中应当引起警惕的。

在耿军案件中，小黄车系统使用的是北京时间，在互联网共享自行车的使用过程中，并不具有发生时间误差的现实可能，一审法院在第二次作出裁判时，仅因公安机关出具的《情况说明》就将该时间线推翻。我们不能简单地批评裁判者不懂常识，而应当推定该案法官认为采信《情况说明》比采信其他证据更加"安全"，因为即便出错，责任也在出具《情况说明》的主体。如果说司法官员在认定案件事实过程中，不是基于对证据的客观、公正判断，而是基于侦查机关的"担保"，必定容易得出错误结论。

上述两种现象都是不正常的，但是成因和机理却又不太一样。

第一种现象，基层法院不愿径行做"疑罪从无"的认定与我国一段时期从重打击犯罪的立场不无关系，这样的立场虽然从正面看反映的是对刑事犯罪的"零容忍"态度，但其付出的不仅是各办案单位的辛勤工作这种显而易见的代价，更有看不见的代价，就是那些无辜之人出罪殊为不易。第二种现象，反映的是某些司法官员"自保""妥协"的心态：一方面，只要有办案机关出具《情况说明》，案件的认定就有了兜底的责任人；另一方面，无限制地认可《情况说明》一类的证据，是司法官员对侦查办案机关的妥协。

从律师的辩护来看，该案没有法律适用上的争议，控辩双方辩论的焦点都集中在事实认定上，事实认定的关键又在于对证据的审查和判断。该案的辩护律师在分析、论证案件证据方面的表现是非常出色的：围绕该案的客观证据逐一分析，最大限度地还原案发现场，指出据以指控耿军出现在案发现场的证据不足，且客观证据之间本身就有无法解释的矛盾，最终实现有效辩护。

一个福建商人的"死亡"之路

李 继

回顾

2016 年 4 月 5 日，福建长丰公司老板吴斌应山东兴源公司老板邀请，从福州飞抵青岛再转车广饶县，商谈置换担保事宜。半年前，平安银行查封了兴源公司的银行账户，吴斌决定用不动产将兴源公司的担保置换出来，以换取平安银行的解封。吴斌这次来就是落实置换细节的，没想到的是"落实"成了"落网"。

原来，早在 30 天前，广饶县公安局就以合同诈骗罪对吴斌刑事立案了，商谈只是幌子，赴约之路瞬间打开了一扇赴"死"之门。

2012 年 9 月 10 日，平安银行、兴源公司、长丰公司签订协议，约定长丰公司向平安银行缴纳 31% 的保证金，申请开取银行承兑汇票，平安银行开出后将银票邮寄至兴源公司，兴源公司收到银票后按照票面金额发货。6 个月后，长丰公司填平银票 69% 的敞口，兴源公司不能足额发货，应将银票退回平安银行或长丰公司。如果长丰公司到期不能填平敞口，兴源公司连带偿还。

从 2012 年 10 月 8 日，兴源公司直接退票 1500 万元给长丰公司起，截至 2014 年 11 月 4 日，兴源公司累计退票 42838 万元。在此期间，平安银行两次给长丰公司授信共计 4 亿元。

2014 年 9 月，平安银行要求长丰公司提前偿还 2015 年 1 月才到期的 9000 万元银票敞口，吴斌表示公司应收账款回收需要时间，不可能马上提前偿还。平安银行先是出面协调民间高利贷被吴斌断然拒绝，之后平安银行通过再签授信再贷款的形式，自 2015 年 1 月起陆续向长丰公司发放 8000 万流动资金贷款，悉数用于偿还银票敞口。2015 年 5 月，平安银行再次要求长丰公司提前偿还 2016 年 1 月才到期的流贷，并起诉查封了担保人兴源公司的银行账户。2016 年 3 月 3 日，福州中院判决兴源公司连带偿还 5000 万元。

2015 年 1 月 4 日，兴源公司与平安银行签署担保协议，愿为长丰公司的 8000 万元流贷中的 5000 万元提供担保。按照兴源公司与平安银行的协定，平安银行在流贷归还银票敞口后，会以长丰公司名义授信 3.2 亿元给兴源公司使用。兴源公司考虑到其本就是敞口的连带担保人，通过此次担保，不仅将担保责任降了 3000 万元，还可使用 3.2 亿元的授信额度，认为很合适。当然，兴源公司担保之前，平安银行让三家企业签订了反担保协议。平安银行的骤然抽贷和查封让兴源公司恼羞成怒，在福州中院判决当天，兴源公司到广饶县公安局报案，要求公安机关侦查吴斌合同诈骗行为。吴斌成了最无辜的"犯罪嫌疑人"，腹背受敌。

吴斌，这个身形高大的福建商人想不通，如此一个明显的经济纠纷案件为什么会牵涉合同诈骗。更令其始料未及的是，公安、检察院、法院，没有人愿意听他申辩，一切都按照意料之外的版本往下推进。

✳ 案件

2017 年 1 月 6 日，山东省广饶县人民检察院以吴斌合同诈骗兴源公司 42838 万元，骗取平安银行贷款 78398837 元、承兑汇票 2400 万元，三罪齐发诉至广饶县人民法院。

起诉书指控：被告人吴斌系福建省长丰公司、福州市海迅贸易公司实际控制人。2012年9月至2014年10月，由福建省长丰公司、平安银行与兴源公司三方签订《合作协议书》三份，由福州市海迅贸易公司、平安银行与兴源公司三方签订《合作协议书》一份。按照三方合作协议要求，由平安银行根据福建省长丰公司、福州市海迅贸易公司的申请，向兴源公司开具银行承兑汇票，仅用于其购买兴源公司轮胎。其间，平安银行开具承兑汇票共计50691万元，并将银行承兑汇票邮寄至兴源公司，被告人吴斌要求兴源轮公司根据其公司实际所欠货款，将多余的银行承兑汇票背书后交给其公司工作人员带回，其公司将取回的承兑汇票共计42838万元占有并用于经营。

其间，2014年八九月份，被告人吴斌经营的福建省长丰公司、福州市海迅贸易公司早已完全失去还款能力，却仍然采取此种方法骗取承兑汇票金额共计2400万元，导致该承兑汇票敞口1656万元无能力归还。

2015年1月至4月，兴源公司为长丰公司担保5000万元流动资金贷款，青岛银储物资发展有限公司（2014年7月已列入法院失信名单）为长丰公司担保3000万元流动资金贷款，平安银行以经营周转为由，向长丰公司发放流动资金贷款27笔共计78398837元，该流动资金贷款被实际用于偿还承兑汇票敞口款项。

广饶县检察院认为，被告人吴斌系单位直接负责的主管人员，以非法占有为目的，在签订、履行合同过程中骗取他人财物，数额特别巨大，应当以合同诈骗罪追究其刑事责任。被告人吴斌系单位直接负责的主管人员，以欺骗手段取得银行贷款、票据承兑，情节特别严重，应当以骗取贷款、票据承兑罪追究其刑事责任。被告人吴斌一人犯数罪，根据《刑法》第69条之规定，应当数罪并罚。

广饶县人民法院一审审理认为，公诉机关指控被告人吴斌犯骗取票据承兑罪、合同诈骗罪的事实不清，证据不足，于2018年4月9日以骗取贷款罪判处吴斌有期徒刑3年6个月。

吴斌不服并提出上诉，2018 年 10 月 23 日，东营中院以事实不清、证据不足为由裁定撤销原判，发回重审。2019 年 2 月，广饶县公安局以合同诈骗的共犯将平安银行客户经理吴静抓捕，广饶县检察院在拒绝对吴斌进行羁押必要性审查后，再次追加起诉吴斌合同诈骗兴源公司 1600 多万元。

追加起诉决定书指控：2014 年 12 月中旬，被告人吴斌经营的长丰公司在平安银行的承兑汇票不能付款，导致该行垫款 16318500 元。2014 年 12 月 31 日，被告人吴斌通过福安市宏源经贸公司向福建省恒实担保股份有限公司借款 16318500 元用于偿还在平安银行的上述欠款。被告人吴斌隐瞒公司无能力偿还借款的事实，于 2015 年 1 月 4 日欺骗兴源公司为其提供担保，并伪造购销合同从平安银行分行申请贷款 16318500 元。2015 年 1 月 7 日，该行向长丰公司发放贷款 16318500 元，支付给指定交易对手福安市宏源经贸公司，并于当日转账给福建省恒实担保股份有限公司，偿还了上述借款。贷款到期后，被告人吴斌经营的福建省长丰公司在平安银行对上述贷款无能力偿还，由保证人兴源公司向平安银行承担担保责任，于 2017 年 1 月 23 日代长丰公司偿还了该笔 16318500 元贷款。

检察院认为，被告人吴斌系单位直接负责的主管人员，以非法占有为目的，在签订、履行合同过程中骗取他人财物，数额特别巨大，应当以合同诈骗罪追究其刑事责任。依据《刑事诉讼法》及《人民检察院刑事诉讼规则（试行）》的规定，追加起诉，请法院依法判处。

广检公诉刑诉（2017）6 号起诉书（即本案第一次一审起诉书）仍然具有法律效力。

2019 年 10 月 17 日，广饶县人民法院重审判决吴斌成立骗取贷款罪，判处有期徒刑 3 年 6 个月，吴斌提出上诉，检察机关提出抗诉。

吴斌的辩护律师李继坚持为其作无罪辩护，重审二审的辩护词题目是《在缅怀中守望正义》，分五个部分阐述吴斌无罪。

一、从承兑汇票到流贷，在案的书证证实吴斌无罪

（一）22 张承兑汇票

从 2014 年 6 月 11 日的 31145157 号承兑汇票（票面金额 995 万元），到 2014 年 11 月 4 日的 31146289 号承兑汇票（票面金额 181.4 万元），长丰公司共开出了 22 张承兑汇票，其中 4 亿元授信之后开出 3 张，其自行填平敞口。

抗诉书的指控割裂了整个开票过程，单将 2014 年 6 月 11 日、6 月 18 日开出的 3 张承兑汇票指控为合同诈骗，却认可一审判决认定的 2014 年 8 月、9 月、10 月、11 月开出的另外 19 张承兑汇票不构成犯罪，这样的非法占有故意在时间上是不成立的，且违反了"以小博大"的合同诈骗犯罪特征。

抗诉机关认为吴斌"用借款还垫款，用贷款还借款，用担保还贷款"的行为符合"拆东墙补西墙"的合同诈骗犯罪，但就"拆东墙补西墙"这个控罪手段来看，为什么抗诉书就认为 2014 年 8 月 7 日、9 月 2 日、9 月 10 日的 5 张承兑汇票（票面金额 2400 万元）不构成合同诈骗了呢？这个抗诉逻辑是错误的。

原审判决认定吴斌在长丰公司开出 2400 万承兑汇票的行为不成立合同诈骗，公诉机关却没有抗诉。从履行能力的连续性和完整性来说，抗诉书一方面否认了长丰公司 2014 年 6 月的付款能力，另一方面又认可了长丰公司 2014 年 8 月、9 月的付款能力，这显然是自相矛盾的。

（二）27 笔流贷

平安银行动议，兴源公司、长丰公司、银储公司共同协商，在自愿的情况下，各方达成了借新还旧的意向，在 2014 年 10 月 10 日签署了编号为 20140918 第 001 号《综合授信额度合同》，其中第 8 条约定："原额

度合同项下未结清的业务纳入本额度合同范围。"也就是尚未到期的敞口可以用本授信下的流贷偿还。2015 年 1 月 4 日至 2015 年 4 月 21 日，平安银行逐次发放的 27 笔贷款正是该次授信项下的具体实施。

吴斌、余某、兴源公司、银储公司分别提供 8000 万元的、5000 万元的、3000 万元的连带担保。在 2014 年 10 月 10 日的授信中已经明确约定了平安银行会以流贷偿还前期未到期的承兑汇票敞口的情况下，抗诉书中的 16318500 元也正是 8000 万元敞口中的一部分，而非一笔独立存在的贷款，何来吴斌诈骗兴源公司担保一说？又何来吴斌骗取平安银行贷款一说？

2014 年 12 月 31 日，兴源公司的董事会决定也证实了兴源公司愿意为长丰公司的授信作保 5000 万（见发回重审证据清单第 31 页董事会决议）。说到底 27 笔贷款是各方达成合意的产物，就算后面出现问题，也属于民事范畴的违约，而非刑事犯罪。

重审判决认定 27 份流贷合同均系长丰公司与宏源公司签署的虚假合同，是事实错误。在追加起诉的合同诈骗卷二中第 4 页、第 5 页、第 6 页、第 7 页、第 12 页、第 14 页、第 15 页、第 16 页，涉及 8 份购销合同，与长丰公司签约的主体是福安市某有限公司。同时平安银行发放的 27 笔流贷打款均按照购销合同进行了委托支付，这也与广饶县公安局自行制作的贷款资金第一流向主体相吻合，且购销合同中的印章均为真实有效。在 27 笔贷款金额与 22 张承兑汇票敞口金额不一致的情况下，重审判决单纯依据公安机关自制的却无法与交易流水吻合的贷款资金流向直接将购销合同认定为虚假，没有事实依据。

（三）3 张尴尬的承兑汇票

这 3 张汇票不是抗诉书中提及的 2014 年 6 月的 3 张承兑汇票，而是 2014 年 10 月 11 日（票面金额 420 万元）、2014 年 10 月 24 日（票面金额 210 万元）、2014 年 11 月 4 日（票面金额 181.4 万元）开具的 3 张承兑汇票。

抗诉中的 3 张承兑汇票之所以被认定为涉嫌合同诈骗，是因为抗诉机关认为发生了借款，而贷款又偿还了借款。但是借款合同并非长丰公司签订，款项又未直接打进长丰公司的保证金账户，且平安银行并未有所谓的垫款，它是到期承兑付款，是票据无因性衍生的法定责任。即便抗诉书罔顾客观银行流水，粗暴认定第一笔 16318500 元贷款偿还了所谓的担保公司借款，那也是在平安银行的操作下进行的，吴斌从未占有和控制过该笔贷款。这是原审公检机关早已确认的事实。

2014 年 10 月 10 日后，关于长丰公司开出的这 3 张承兑汇票，首先，长丰公司缴纳了保证金；其次，兴源公司没有退票；再次，敞口是在 2014 年授信后形成且已经全部填平。

面对这 3 张承兑汇票，重审认定骗取贷款和抗诉的逻辑都瞬间瓦解，这是长丰公司具备付款能力的铁证，也是授信不仅仅是借新还旧的明证，不容争辩。在一个连续的意思表示下，检法认定的合同诈骗和骗取贷款的故意都无法固定，且前后矛盾，这也让重审判决与抗诉极为尴尬。

（四）一笔被追诉和抗诉的流贷

这笔流贷发放于 2015 年 1 月 7 日，贷款合同签订于 2015 年 1 月 4 日，兴源公司和银储公司签署《最高额保证合同》的时间是 2015 年 1 月 4 日，这笔贷款的担保责任同时存在于吴斌、余某、兴源公司、银储公司，且吴斌、余某签署《最高额保证合同》的时间是 2014 年 10 月 7 日。

抗诉书据此认为兴源公司实际承担了担保责任，并以此来抗诉吴斌合同诈骗兴源公司，这是明显错误。因为就担保范围来说，无法分割四方担保，它是一个完整的担保体。这在 27 笔贷款纠纷的民事判决书、执行裁定书中得以直接体现，而且民事判决兴源公司有追偿权。面对如此客观事实，抗诉书设计的诈骗五连环已属于罔顾事实的非法抗诉。

抗诉人认为兴源公司担保发生在 2015 年 1 月 4 日，却对 2014 年 12 月 31 日兴源公司的董事会决议视而不见，属于事实错误。

这部分事实均有相关书证予以证实，涉及的证据包括 3 份合作协议（担保提货合同）、27 份流贷合同、3 份最高额保证合同、2 份授信协议、发货跟踪记录表、董事会决议、职工代表大会（银储公司）决议以及起诉意见书起诉书等诉讼文书。

其中，承兑汇票敞口全部填平，重审判决再次否定吴斌构成骗取承兑汇票罪，也就是说 22 张承兑汇票都不涉及犯罪。公诉机关对此判决并未抗诉，却在抗诉书中指控吴斌骗取承兑汇票涉嫌徇私枉法。

二、从合同诈骗到骗取贷款，两轮半检法"互殴"证实吴斌无罪

（一）神秘莫测的合同诈骗

2017 年 1 月 6 日，公诉机关第一次起诉起诉吴斌合同诈骗兴源公司 42838 万元、骗取平安银行承兑汇票 2400 万元。

但在 2017 年 11 月 1 日、2018 年 3 月 23 日的原一审庭审中，公诉人当庭指控吴斌骗取平安银行承兑汇票 42838 万元、合同诈骗兴源公司 2400 万元。

2019 年 8 月 22 日，公诉机关在（2019）2 号追加起诉书中再次明确了（2017）6 号起诉书的法律效力，即维持起诉吴斌合同诈骗兴源公司 42838 万元、骗取平安银行承兑汇票 2400 万元。

在 2019 年 9 月 5 日重审一审庭审中，公诉人再次当庭指控吴斌骗取平安银行承兑汇票 42838 万元、合同诈骗兴源公司 2400 万元和 16318500 元。

起诉书中前后矛盾：42838 万元究竟是合同诈骗数额还是骗取承兑汇票数额？2400 万元究竟是骗取承兑汇票数额还是合同诈骗数额？原本神圣庄严的起诉，硬生生被搞得神秘莫测。

如果合同诈骗的数额是 42838 万元，那么 16318500 元就是其中的一部分，公诉机关额外追加起诉的事实依据在哪？辩护人百思不得其解。

如果合同诈骗的数额是 2400 万元，那么 16318500 元的非法占有故意为什么中断了一个月？作为连续真实交易背景下的退票为什么具有了不同的犯罪动机？2014 年 9 月、10 月、11 月开出的 16 张承兑汇票下的敞口为什么又被起诉为骗取承兑汇票？而 2014 年 10 月 11 月开出的 3 张承兑汇票又未发生兴源公司退票？

（二）银行导演的骗取贷款

口供方面，无论是吴斌本人的庭前和当庭供述，还是余某的证词，甚或是吴某的证词均可互为印证，都证实了平安银行授信前对银储公司的经营状况和担保能力明知，同时也明确了流贷是平安银行强烈要求且必须执行的方案。

书证方面，4 亿元《综合额度授信合同》中第 8 条、平安银行内部工作签报、银储公司的情况说明、青岛市南法院的执行裁定，客观证明了对银储公司的所谓的失信状况平安银行是明知的，未有半点不知情，更未发生吴斌隐瞒的事实。

事实不容诋毁，那就是平安银行要用流贷偿还敞口，自始至终吴斌的行为都没有改变银行的认知，就连（2017）6 号起诉中都直接描述罪状为："平安银行福州分行在明知银储公司失信的情况下发放了贷款"！而侦查机关的起诉意见书更是赤裸裸地描述："该笔流动资金贷款被平安银行福州分行实际控制"！重审认定的"欺骗手段"完全没有达到让银行陷入错误放贷的证明标准，银行更没有基于此才放贷。一个不具有任何作用的行为，何以被三番五次认定为刑法上的"犯罪手段"？就如同一只鸟扔了一块石头到海里，无法达到填海效果，刑法不能去评价这样的行为，更不能将这只鸟入罪！

重审判决以平安银行不能执行到位的财产，来判定平安银行陷入了错误的认知，是典型的客观归罪，违背了主客观相统一的刑法原则，明显错误。

不能认为任何欺骗行为都属于骗取贷款罪的欺骗手段，只有在对金融机构发放贷款起重要作用的方面有欺骗行为，才能认定为成立骗取贷款罪。对发放的这 27 笔流贷，平安银行的发放行为没有受到购销合同或银储公司的丝毫影响，它自导自演了最后的 78398837 元流贷。

（三）无法面对的被害人

案件到今天，可以肯定的是，2016 年 3 月 1 日，兴源公司单方向广饶公安报案称被吴斌合同诈骗，以此摆脱 5000 万元的担保责任。但极具讽刺的是，2018 年 4 月 23 日，原审判决吴斌成立骗取贷款罪，平安银行却成了名副其实的被害人，公诉机关没有抗诉。

2019 年 8 月 22 日，广饶县检察院再以合同诈骗将兴源公司放在了被害人的位置。2019 年 10 月 17 日，重审判决吴斌成立骗取贷款罪，兴源公司再次与"被害人"的身份失之交臂。

兴源公司、平安银行，没有一个是被害人，他们在提货担保业务中都是受益人，平安银行更是 27 笔流贷的受益人。

（四）"互殴式"的起诉与判决

公诉机关起诉吴斌合同诈骗罪、骗取承兑汇票罪、违法发放贷款罪，原审判决认定吴斌不成立合同诈骗罪和骗取承兑汇票罪，三罪皆无，但新添骗取贷款罪，这是违法发放贷款罪与骗取贷款罪的第一轮"较量"。

后案件发回重审，公诉机关继续起诉吴斌犯合同诈骗、骗取承兑汇票罪、违法发放贷款罪即追加起诉合同诈骗罪，重审判决吴斌不成立合同诈骗罪、骗取承兑汇票罪和违法发放贷款罪，亦不成立追加起诉的合同诈骗罪，至此四罪全无，还是骗取贷款罪，违法发放贷款罪与骗取贷款罪的较量，这是第二轮。

公诉机关抗诉追加起诉的合同诈骗罪，认可重审判决的骗取贷款罪，放弃了起诉中的违法发放贷款罪，此半轮。2017 年 1 月 6 日，（2017）6

号起诉书第四段罪状描述是平安银行明知银储公司失信却以经营周转为由发放了贷款,但是原审、重审判决的骗取贷款罪属于在未有起诉下的判决,明显违法。

三、从福州到广饶,被忽略的众多书证证实吴斌无罪

(一)履行能力的证明标准

自2016年3月至今,从发票到合同、从流水到报表,这些书证均被忽略。如2014年10月以来839笔累计1038614963.57元现金流,是长丰公司具有履行能力的直接反映。但是重审开庭时公诉人竟然说这些流水没有意义。如果一家贸易企业的现金流都不能证明企业的经营状况,还能用什么证明呢?难道用不动产吗?或者说在吴斌骗取贷款这个案子里,什么才是判断长丰公司实际履行能力的唯一标准呢?

(二)僭越追诉

2018年10月24日,吴斌案发回重审。两个月后,侦查机关在未立案的情况下,在毫无管辖权的情况下对客户经理吴静采取了刑事强制措施。作为平安银行的离职人员,侦查机关不顾法律文书从未将吴静列为吴斌案件嫌疑人之事实,只为了在发回重审中继续羁押吴斌以延长追讨5000万元的时间,不惜非法跨省追逃。

从2016年3月3日,广饶公安对吴斌合同诈骗刑事立案,到2019年2月19日,广饶县公安局网上通缉吴静,在近3年的时间里,广饶县公安局从未以任何形式找吴静了解情况过,辩护人也惊诧,为什么在涉及骗取银行贷款案件中没有银行工作人员的笔录。而在所有的诉讼文书中,也从未见吴静涉嫌犯罪的痕迹,却在吴斌案发回重审后,直接进行了网上通缉。

吴斌涉及的合同诈骗已经被原审判决否定，公诉机关亦未抗诉，广饶公安竟违法将吴静列为吴斌合同诈骗共犯进行刑事追诉。在发回重审阶段，公诉机关又以严重程序违法的情形下取得的非法证据追加起诉吴斌合同诈骗，被重审判决否认后，又予以抗诉。

（三）为了企业债务

依法平等保护民营经济无可厚非，但是面对兴源公司人员在以刑代民的不法动机引导下的一面之词，某些公检人员忘记了守护人民之使命，忘记了国家权力之重托，为了兴源公司5000万元的担保责任，在明知兴源公司未被诈骗情况下，对吴斌采取强制措施。

（四）以法之名违法

在众多被忽略的证据中，两份平安银行内部的审批签报表证实了平安银行在对银储公司的经营现状和担保能力进行两次调查和充分风险评估的基础上，自行确认了银储公司的担保人身份。

重审认定吴斌隐瞒了银储担保失信的情节与查明事实严重矛盾。2019年3月13日，广公（经）调证字〔2019〕2031号调取证据通知书中列明27笔流贷《借款借据》《委托支付申请书》内部审批手续，但是卷宗里依旧不见贷款内部审批表。而这些证据早在3年前已被调取。

重审判决吴斌成立骗取贷款罪，但判决书中连最基本的贷款审批表都未出现，而重审查明的事实明明是平安银行明知贷款用途及担保人情况。

抗诉机关重审二审当庭还以"事实清楚、证据充分"来指控吴斌骗取贷款，却至今拿不到作为被害人的平安银行的报案书或是确认该事实的情况说明。真实情况是，27笔贷款是依据平安银行的授信协议正常发放，而非基于长丰公司欺骗获取。

四、从平安银行到兴源公司，真相证实吴斌无罪

（一）借新还旧不违反法律、法规

尊重当事人意思自治是民法典的核心原则，公权力不能剥夺民事主体意思自治的权利。借新还旧作为金融机构与借款人、担保人之间的合意，长期以来得到法律认可，从未见司法实践中，将借新还旧认定为犯罪的手段。重审开庭时审判长当庭说借新还旧不是犯罪。山东省人民政府颁发的《关于支持民营经济高质量发展的若干意见》第35条中，就充分肯定了金融机构的借新还旧政策在扶持民营经济过程中的积极作用。

公诉机关抗诉第一笔流贷16318500元没有用于归还承兑汇票敞口，而是归还了恒实公司的等额借款，这是严重的事实错误。27笔流贷合计78398837元，减去16318500元，还剩62080337元，何以足额填平8000万元的承兑汇票敞口？且长丰公司在已经获得授信的情况下，完全没有用借款还所谓平安银行的垫款的动机。

就在本案证据来看，27笔流贷与22张承兑汇票敞口之间并未形成一一对应的关系，在公诉机关2017年1月第一次起诉时，就明确了第一笔流贷归还了2565万元承兑汇票敞口，却在追加起诉时否认了前述指控，此系重复指控，而非"新的犯罪事实"。

（二）平安银行操作粗暴但不犯罪

平安银行囿于业务收缩，单方面要求长丰公司提前一次性偿还敞口，并实际控制流贷资金，以部分流贷款项实现偿还敞口既定目标，后又单方面将贷款利率提高了40%。平安银行用简单粗暴的方式完成了借新还旧。

平安银行这样的方式至多是民事范畴的违约行为，其只要承担违约赔偿责任即可，但是重审判决竟然认定吴斌在其中有骗取贷款使用的犯罪故

意，吴斌犯罪是为了平安银行得益，这样的主观故意着实难以成立。

（三）兴源公司掩盖了反担保事实

2014年10月7日，吴斌、余某首先为平安银行的授信提供了8000万元连带担保，也就是27笔流贷的担保人首先确定的是吴斌、余某。2015年1月4日，兴源公司、银储公司签署了《最高额保证合同》，兴源公司甚至之前要求长丰公司提供了反担保，也就是说在兴源公司担保前，不仅吴斌、余某，还有反担保企业都提供了担保，加之兴源公司本来就是承兑汇票敞口的担保人，它的5000万元担保意思表示是最真实的、最自愿的，无丝毫受吴斌诈骗之嫌。

吴斌当庭陈述了作为反担保企业的福建某公司、海某公司、华某公司等4家公司为兴源公司提供了反担保。但是协议盖章后被兴源公司取回，至今下落不明。重审判决查明兴源公司在流贷阶段没有签署反担保协议与事实不符。从兴源公司在承兑汇票阶段要求长丰公司提供反担保的交易习惯，在辩护人申请法院调取反担保协议不能的情况下，不能排除兴源公司在流贷阶段要求长丰公司继续提供反担保并签署了反担保协议的合理怀疑。

（四）兴源公司从来都是担保达人

辩护人提交的二审新证据已经证实：兴源公司已经不是第一次作为借新还旧的担保人了，还屡屡为他人提供担保，担保数额动辄5000万元以上，与其领导（宋某）及工作人员（高某、李某、王某）在侦查机关言词一致的"不给人担保"的陈述相互矛盾。从担保频率、担保范围分析，兴源公司不啻为"担保达人"。

吴斌无法做到自己诈骗自己，他自己也是担保人。假设在执行过程中，平安银行先扣划了吴斌等其他担保人名下的资产，那么吴斌的骗取或诈骗故意还成立吗？当然不能。但是重审正是基于这个结果推定了吴斌的非法使用目的，这是错误的，指控犯罪的手段与危害结果之间不具有唯一性，更不成立刑法上的因果关系。本案尚在执行中，一切皆有可能，不可用或然性的结果实现定罪目的。

在平安银行明知流贷不是长丰公司主动申请，且全部贷款均由其实际控制的情况下，重审认定吴斌的 27 份虚假购销合同导致了平安银行陷于错误认知而发放了贷款与现有证据证明的事实背离，也错误评价了购销合同在 27 笔贷款中的作用。

五、从保护民营经济到复工复产，司法应当确保吴斌无罪

（一）千里协商诠释企业家的担当和诚信

2016 年 4 月 5 日，吴斌从福州辗转到广饶，初衷是用自己名下的不动产置换出兴源公司的 5000 万元担保，甚至直到今天，吴斌还愿意承担兴源公司担保的民事责任。在经历了生死别离后还可如此信守约定，其赤诚可见。

在平安银行要求吴斌用流贷提前偿还承兑汇票敞口时，吴斌与各方协商无果后，他没有选择逃避，而是继续偿还利息。吴斌希望自己创立的长丰公司能够渡过市场经济下行的困难，这份担当弥足珍贵。

公检机关非但无视这样的担当和诚信，反而指控其为连环诈骗。但是抗诉书的最大逻辑障碍是吴斌如果具有诈骗兴源公司、欺骗平安银行的主观目的，他完全可以不做授信流贷，因为承兑汇票的 8000 万元敞口已然得手。

在民营经济陷入困境时，企业家为了企业经营生存，在政策允许范围内多走一步，入罪的信号是极端明显的，本案这样的控罪与入罪必将动摇民营经济的信心，甚至对整个国民经济都是沉重的打击。

（二）长丰公司不断与兴源公司继续交易

从履行能力来说，2014 年 10 月后，长丰公司共付款给兴源公司 13223448.04 元。

双方交易截至 2016 年底，那时吴斌已被指控为合同诈骗。吴斌偿还了 8000 万元汇票敞口，难道就为了诈骗 16138500 元吗？这样的犯罪逻辑实难成立。

（三）民营经济是金融秩序的晴雨表

27 笔流贷破坏了金融秩序吗？当然没有，且不说辩护人提交的新证据证实兴源公司自己操作了多笔借新还旧贷款，单就借新还旧业务本身来说，法律、法规也并未禁止，各地经济主管部门无不鼓励金融机构在民营经济困难时要灵活运用金融政策借新还旧，不抽贷不断贷，这是维护金融秩序健康稳定的有效措施。而在吴斌案件中，这样的金融政策竟被妖魔化为内外串通欺骗兴源公司，晴雨表变成了黑皮书。

（四）司法保护民营企业家有助复工复产

司法保护是民营企业大胆闯拼、勇于创新的最有力保障，也是最后的安心剂。疫情期间，很多破产企业又重新开工生产，为防控疫情作出了重要贡献，甚至很多被追诉的企业家不计个人荣辱、主动请缨，奔赴生产抗疫物资第一线。他们坚信司法公正，更坚信司法可以保护他们的人身、财产安全。

司法保护不仅是为了吴斌这样一位企业家，更是传递出了上至中央下至县区全力保护民营经济和企业家人身安全、财产安全的强力信号，诚如 2018 年 5 月 31 日最高院宣判张文中无罪。司法保护民营企业的信号意义深远，必将激发民营经济迸发出前所未有的活力。当下，我们的国家需要这股力量去实现民族复兴、国家富强、人民安康的宏伟目标。

2020 年 5 月 27 日，东营市中级人民法院二审审理认为，认定吴斌合同诈骗的证据尚未达到确实、充分的证明标准，依法裁定驳回抗诉。在案证据不能认定平安银行是基于吴斌公司的欺骗行为而陷入错误认识进而发放贷款，原判认定吴斌犯骗取贷款罪的事实不清、证据不足，依法撤销原判，改判吴斌无罪。

针对抗诉机关的抗诉意见、检察机关的出庭意见、上诉人吴斌的上诉理由及辩护人提出的辩护意见，根据本案的事实、证据和相关法律规定，法院评判如下。

一、关于一审合议庭组成是否违法的问题

审理认为，《刑事诉讼法》第 239 条规定，原审人民法院对于发回重新审判的案件，应当另行组成合议庭，依照第一审程序进行审判。第 183 条规定，基层人民法院、中级人民法院审判第一审案件，应当由审判员 3 人或者由审判员和人民陪审员共 3 人或者 7 人组成合议庭进行，但是基层人民法院适用简易程序、速裁程序的案件可以由审判员一人独任审判。本案中，在案件发回重审后，广饶县人民法院由 1 名法官和 2 名人民陪审员另行组成了合议庭，按照一审程序对本案进行了审理，且合议庭的组成符合由审判员和人民陪审员共 3 人的法律规定。相关法律对刑事发回重审案件合议庭组成并未明确规定必须由 3 名法官组成，辩护人的上述辩护意见于法无据，法院不予采纳。

二、关于一审审判程序是否违法的问题

经查，27 份工矿产品购销合同、长丰公司提供的提货业务贷后审查发票核对截图及明细有广饶县公安局调取证据通知书并有与原件核对无误的印章和经办人签名，调取程序合法。税务机关提供的增值税专用发票认证

结果查询、增值税纳税申报等是原件，并有税务部门的盖章，能够证实来源，上述证据来源明确，辩护人所提上述证据来源不明的意见与事实不符。往来邮件虽证据形式要件不完备，取证程序存在瑕疵，但其内容与在案的其他证据相印证，也无更改迹象，存在的瑕疵达不到严重影响司法公正的程度，尚不属于非法证据。辩护人向一审法院申请调取广饶县公安局收集到的无罪证据材料，但无证据或线索证实广饶县公安局已调取了辩护人所申请的材料，一审法院未予调取并不违反法律规定。辩护人提交的证据在一审庭审时进行了举证，控辩双方进行了质证，并未限制或剥夺辩护人的权利，裁判文书虽未列明，但不影响案件的实体处理。辩护人所提"一审审判程序违法"的辩护意见不能成立，法院不予采纳。

三、关于吴斌合同诈骗 1631.85 万元的事实能否认定问题

审理认为，根据《刑法》第224条的规定，合同诈骗罪是以非法占有为目的，在签订、履行合同过程中，采取虚构事实或者隐瞒真相等欺骗手段，骗取对方当事人财物的行为。该罪的犯罪构成不仅要求行为人有虚构事实、隐瞒真相的行为，还必须具有非法占有他人财物的目的。纵观本案，三方协议是平安银行、兴源公司、吴斌公司三方协商后签订，兴源公司在吴斌公司提出将银行承兑汇票取回自用后表示同意并安排人员负责联系、盖章事宜，且 2014 年 10 月兴源公司知道未提货金额高达 9000 余万元后虽拒绝在《卖方发货跟踪记录表》上盖章，但之后兴源公司与吴斌公司之间仍有交易和经济往来，现有在案证据无法证实吴斌公司采取欺骗手段诱骗兴源公司签订三方协议，从而让兴源公司承担担保责任，以达到非法占有兴源公司财物的目的。证人张梁、吴静、吕晓琼均系经历长丰公司流动资金贷款事宜的平安银行工作人员，三人证言证实对长丰公司进行问题授信，将银行承兑汇票敞口转换为流动资金贷款，用流动资金贷款归还承兑敞口是平安银行为了业绩考核作出的决定。因兴源公司是三方协议的一方，

依据协议应承担连带担保责任，故要求兴源公司提供担保，兴源公司相关人员证言及吴斌的供述对此亦予以印证，能够证实要求长丰公司进行流动资金贷款、要求兴源公司担保均是平安银行提出的。根据兴源公司相关人员证言及吴斌供述，2014年12月，兴源公司已经知道长丰公司无力归还8000万元银行承兑汇票敞口，吴斌并未隐瞒无力偿还的事实。2015年1月，兴源公司在明知的情况下仍同意签订《最高额保证担保合同》，是其自主选择的结果，无证据证实长丰公司采取欺骗手段骗取兴源公司为其流动资金贷款提供担保。

为长丰公司流动资金贷款担保的有兴源公司、银储公司、吴斌及其妻余某，各方在其最高保证限额内均承担连带责任，以最终承担责任的担保人为依据确定受害人，会导致受害人处于不确定状态。兴源公司签订《最高额保证担保合同》在前，长丰公司申请27笔流动资金贷款在后，兴源公司承担的是最高额保证责任，并未具体到某一笔贷款，以平安银行从兴源公司收回的款项归还某笔贷款来确定对哪笔贷款承担了担保责任，并以此确定合同诈骗的事实，则因平安银行选择不同导致合同诈骗的事实处于不确定状态。公诉机关仅将2015年1月4日的1631.85万元贷款以兴源公司承担了担保责任为由指控为合同诈骗，但兴源公司实际承担了近5000万元本金的担保责任，对其余3000多万元担保责任并未指控。长丰公司共申请流动资金贷款27笔，其中1631.85万元贷款归还的是恒实担保的借款，但该借款是因长丰公司银行敞口到期不能归还银行垫资而产生，用贷款归还银行为敞口垫资而产生的借款，与用贷款直接归还银行敞口无本质区别。

关于长丰公司的资产、负债、经营状况等方面并无相关证据证实，导致长丰公司有无履行能力事实不清、证据不足，仅以用借款归还垫款、用贷款归还借款，不能证实长丰公司具有让兴源公司承担担保责任，从而达到占有兴源公司财产的目的。银行贷款结清凭证证实1631.85万元贷款于2017年1月23日归还，而平安银行出具的说明证实2017年7月23日经诉讼，平安银行从兴源公司收回本金 4900 余万元，1631.85 万元贷款归还的时间早于平安银行从兴源公司收回 4900 余万元的时间，证人张义生证实 27 笔流动资金贷款只从兴源公司强制执行回 5200 余万元，现有证据中也无 1631.85 万元贷款如何归还的证据材料，1631.85 万元是否用从兴源公司收回款项归还的事实不清。综上，现有在案证据不能证实长丰公司实施了隐瞒真相的行为导致兴源公司产生错误认识，也不能证实长丰公司具有非法占有目的，认定长丰公司合同诈骗 1631.85 万元的证据尚未达到确实、充分的证明标准，吴斌作为主管人员亦不构成合同诈骗罪。抗诉机关所提抗诉意见不能成立，法院不予支持。

四、吴斌骗取贷款的事实能否认定问题

骗取贷款罪是指以欺骗手段取得银行或者其他金融机构贷款、票据承兑、信用证、保函等，给银行或者其他金融机构造成重大损失或者有其他严重情节的行为。骗取贷款罪的"欺骗手段"主要表现为：行为人实施欺骗行为——具有放贷决定权的人陷入认识错误——作出放贷的财产处分决定——行为人获得贷款——银行的贷款遭受风险。本案中，平安银行为了单位业绩考核经讨论后决定给予长丰公司问题授信，将银行承兑汇票敞口转为流动资金贷款，平安银行对长丰公司的流动资金贷款起主导作用，平安银行发放贷款是基于其本身给予长丰公司的问题授信，与长丰公司提供资料之间无因果关系；平安银行工作人员证实按照银行承兑汇票到期的时间陆续发放贷款，用贷款归还银行承兑汇票敞口，该内容与银行承兑汇票到期时间、贷款发放时间及去向相互印证，可见银行掌控贷款的用途和流向。仅依据税务登记资料并不能证明 27 份工矿产品购销合同是虚假的，依据现有在案证据并不能得出长丰公司提交的贷款资料虚假的结论。银储公司于功润证实，平安银行的吴静和另外两个工作人员找到她，让银储公司给吴斌公司担保 3000 万元流动资金贷款，当时她跟银行工作人员申明

银储公司没有实际资产，无能力做担保，已被法院列为失信人员，不符合担保条件，但吴静还是让她在担保合同上签字，并加盖了银储公司的公章。据于功润证言，其并未向银行隐瞒银储公司的状况，且书证《失信被执行人查询》证实银储公司被青岛市市南区人民法院列为失信被执行人已在最高人民法院失信被执行人网上公布，系可公开查询的资料，平安银行并未对银储公司的状况陷入错误认识。27笔流动资金贷款除银储公司担保外，还有兴源公司、吴斌及其妻子余某，现无证据证明三个担保人担保资格存在问题。本案案发于兴源公司报案被长丰公司合同诈骗，平安银行并未报案，平安银行作为骗取贷款罪的被害人，其本身并未认为自己被骗。综上，平安银行对长丰公司的贷款目的、担保人的状况应是知情的，并未陷入错误认识而发放贷款，长丰公司相应的获取贷款的行为不符合骗取贷款罪的构成要件，吴斌作为主管人员亦不构成骗取贷款罪。吴斌及辩护人所提"吴斌不构成骗取贷款罪"的上诉理由、辩护意见成立，法院予以采纳。

综上，法院认为，原审判决认定上诉人吴斌犯骗取贷款罪的事实不清、证据不足，适用法律错误，应予撤销。上诉人吴斌及其辩护人提出应当改判吴斌无罪的意见具有事实和法律依据，法院予以采纳。经法院审判委员会讨论决定，依据《刑事诉讼法》第236条第1款第（3）项、第2款的规定，判决如下：

1. 撤销山东省广饶县人民法院（2018）鲁0523刑初540号刑事判决。
2. 上诉人吴斌无罪。本判决为终审判决。

2020年12月，山东省法院系统开展了"全省法院系统2020年度优化营商环境十大典型案例"评选活动，吴斌案入选。

法院在该案典型意义中写道：企业间的经营活动纷繁复杂，对于企业的生产、经营行为，只要不违反刑事法律的规定，不得以犯罪论处。对于合同履行过程中产生的争议，如无确实、充分的证据证明符合犯罪构成要件的，不宜认定为刑事犯罪。在审理骗取贷款案件时，应认真审查贷款用途、贷款保证等方面采取欺骗行为的原因，及其与贷款发放之间的因果关系、不能还本付息的原因等，避免将贷款过程中出现的瑕疵一律视为"欺骗行为"、将不能归还贷款的行为一律视为"骗贷行为"。本案对涉案的民营企业负责人宣告无罪，体现了人民法院坚守以事实为依据，以法律为准绳，切实贯彻罪刑法定、证据裁判、疑罪从无的原则，严格区分罪与非罪的界限，坚决防止利用刑事手段干预经济纠纷，是人民法院发挥审判职能作用，保护民营企业及企业家合法权益的具体实践。

ⓘ 律师手记

罪与非罪——一墙之隔生死两端

李　继

吴斌一审被以骗取贷款罪判处有期徒刑3年6个月，他的妻子找到了我，让我做他的二审辩护人。我告诉她，二审不会直接改判，大概率会发回重审，重审结果如何不得而知，她说无论如何也得上诉。

我带着委托手续从南京出发，驱车600多公里去了广饶。这段路对我来说再熟悉不过了，因为这是我和另一位当事人高凯走过的无罪之路。那个案子坚持了1242天，前后会见52次，形成了百万字的辩护材料，最终判决无罪。该案判决书被收录于首届全国法院优秀裁判文书，该案也是山东地区唯一入选的刑事案件。

见到吴斌，他的第一句话是：他们第二次开庭前让我认罪，认了就"实报实销"出去(差不多两年)，我本来准备认了，但是检察官说他是在帮我，我就发火了。关了两年，这是帮吗？

后来就开庭了。结果是判了3年6个月。

关于这个罪及之前的合同诈骗罪，我给他做了详细的解释。临走之前，我问他，你能坚持多久？他斩钉截铁回答：宁为玉碎不为瓦全！

我的第一站去了福州，到福建高院调阅吴斌的公司与兴源公司的二审卷宗。不出意外，我找到了我想要的证据：银行流水和兴源公司的上诉状及证据清单。

吴斌的案件与高凯的案件属于同类型案件：均起因于厂商银行业务（有的银行称为保兑仓，内容就是担保提货）下的承兑汇票退票问题。2017年8月2日，高凯被判决无罪后，吴斌以为会同案同判，结果仍被定了骗取贷款罪。

这类案件的共同特点是判断销售商在退票过程中，是否使用了欺骗手段让厂家陷入错误认识并处分了财物（轮胎），而这类案件爆发的导火线就是经销商的经营出现问题（现金流短缺造成承兑汇票敞口不能及时填平，厂家面临担保责任）。厂家为了摆脱担保责任便以合同诈骗向公安机关报案，而公安机关往往以经销商的经营状况来固定"非法占有"的主观目的。

所以关于经营能力以及经营状况恶化的原因的判断及举证说明是关键，除此之外，就是对退票真实原因及过程的分析。这两个问题确认之后，罪与非罪的界限就清楚了。

作为辩护人，在做无罪辩护的过程中，如果认为能判断出罪与非罪就大功告成，那就错了，甚至多半不能成功。因为我始终认为，罪与非罪，公检法的认定是第一位的，当事人（被告人或嫌疑人）的认知是第二位的；辩护人的辩护是第三位的。对于公检法的认定，辩护人只能影响而无法决定；我们也只能决定自己的认知。剩下的就是影响当事人，影响他们什么呢？要让他们在一个相当长的时期内坚信司法公正——无论遭遇了什么。

做当事人的心理建设是一项极为复杂和痛苦的工程。足够数量的会见是必不可少的，辩护人不能凭一次或者两三次的会见就让当事人树立坚定的信心，这样的想法不科学。在经济犯罪中，当事人并未面临生死威胁，他们大多会进行利益取舍，而在取舍中，罪与非罪并非是势均力敌的，无罪通常败给了认罪，一旦认罪就是有罪，这是再简单不过的道理了。还有一个再简单不过的道理：让站在第一位的公检法放弃有罪推定的难度太大了。

吴斌第一次被判决有罪前，他的岳父去世了，那晚他躺在看守所铺位上泪如雨下。吴斌第一次二审期间，他的生父去世了，我痛苦了很久，最终还是没有告诉他，而是含泪给二审法官写了一封长信。

在罪与非罪之间，是一墙之隔下的生死两端。辩护人唯一能做的就是坚持不放弃，让自己坚持不放弃，让当事人坚持不放弃，甚至让司法公正坚持不放弃。

这是我在办理这个无罪案件中的些许想法，无论对错，初心弥坚。

评议

最高人民检察院于 2020 年 10 月 29 日发布了"保障民营企业合法权益监督侦查机关撤案典型案例"，其中有"北京市海淀区检察院办理的海南某科技公司骗取刑事立案干扰民事诉讼立案监督案"。该指导案例的要旨是：当事人恶意隐瞒公司存在非备案章的事实，以公司印章被他人伪造为由虚假报案，骗取公安机关刑事立案，阻挠民事诉讼审判和执行程序的正常进行，侵犯他人合法人身财产权益，检察机关依法监督撤案。可见，最高人民检察院也关注到司法实践中有行为人通过恶意报案的方式，不惜诬陷他人，甚至冒着他人被刑事追诉的危险、失去人身自由的风险，阻挠正常的民事裁判。

吴斌"合同诈骗、骗取贷款案"，从相关文书来看，存在报案人虚假报案，利用刑事手段规避经营风险的嫌疑。比如，双方合作多年，累计开出 5 亿多元的承兑汇票，在最终签订担保时，也是从 9000 万元的敞口转为 5000 万元的流贷，这本身就是获益行为，报案人在报案时却声称不懂合作协议、被骗了才签的担保。这样的报案显然是不符合逻辑、常识和一般生活经验的。

多年来，中央各机关频出文件，严禁地方公安司法机关利用刑事手段插手经济纠纷，2020 年 12 月最高人民检察院发布的第 24 批指导案例中，就有一例"经侦警察利用刑事手段插手经济纠纷被以滥用职权罪判刑"。

实际上，利用刑事手段实现一定的民事诉求并不是什么新鲜事，甚至是一种常见做法，但前提同样应当"以事实为依据，以法律为准绳"，否则就是违法利用刑事手段插手经济纠纷。对于报案人来说，通过诬告合作方的方式规避经营风险何尝不是"饮鸩止渴"呢？这样的做法也许能够迫使合作方迅速满足自己的诉求，却后患无穷，甚至可能涉嫌伪证罪、诬告陷害罪等罪名，而插手案件的办案人员可能涉嫌滥用职权罪、徇私枉法罪及前述罪名的加重处罚情节。吴斌案报案人是以损害他人合法权益为代价的规避经营风险的做法着实不可取。

在该案的辩护过程中，辩护律师详细梳理了吴斌与各合作方多年来的交易情况，剖析了所有涉案行为的起因、发展及各事件之间的因果关系，最大限度地发现检察机关的指控错误，并还原银行及各公司之间的合作状况，对司法机关全面掌握案情起到了至关重要的作用。

值得一提的是，通过律师的辩护，尤其让法院充分认识到银行在吴斌"骗取贷款"过程中没有陷入错误认识。据此，法院最终交给社会一份关于"欺骗手段"精彩分析的说理判决。判决称"骗取贷款罪"的"欺骗手段"主要表现为：行为人实施欺骗行为——具有放贷决定权的人陷入认识错误——作出放贷的财产处分决定——行为人获得贷款——银行的贷款遭受风险。本案中，由于担保方的证人称已经告知银行自己的公司被列为失信被执行人，且该情况原本就是公开可查的，因此银行并没有陷入错误认识。这样的分析，比起"凡是申请贷款材料有假即构罪"的指控和裁判，更让人信服，更能体现出司法机关维护公平正义的担当。

河北女企业家质疑招标造假被控敲诈勒索

朱孝顶　谭炳勇

回顾

张艳是秦皇岛市军之友装具有限公司（以下简称军之友公司）的董事长。该公司主要经营军队后勤装备产品，曾是大型活动总指挥部帐篷的供应商，也是军队后勤装备领域中的知名企业。

2017年10月17日，部队某部组织了帐篷邀请招标采购，除军之友公司外，还有秦皇岛傲森尔装具有限公司（以下简称傲森尔公司）等五家单位受邀参加。2017年10月19日，部队单位发布《预中标结果公示》，报价910.10万元的傲森尔排名第一，报价655万元的军之友公司排名第二。公示第4条写明：如有关供应商对评审结果有异议，可以在公示期内，以书面形式向我部提出质疑，我部将在收到书面质疑7个工作日内，向质疑供应商作出书面答复。

2017年10月24日，张艳作为军之友公司的控股股东、董事长代表公司提交了《关于贵部招标评审结果质疑函》。因除军之友公司外，傲森尔公司及其他四家公司报价均超过900万元。军之友公司认为：该报价远超成本，且明显呈规律性差异，疑有招标单位组织围标、串标；招标文件中出现了傲森尔公司的名称，招标评标过程中倾向性过于明显；傲森尔公司和另一家公司联合体投标。

傲森尔公司负责人张向阳得知预中标结果遭质疑后，猜测应为第二名的军之友公司提出的质疑，便多次主动找到张艳协商，希望其能撤回质疑。2017年11月6日，双方约定，军之友公司撤回质疑，傲森尔公司要支付其120万元，其中30万元商定在次日支付。同时，张向阳出具了一张欠条，注明欠张艳业务款90万元，3个月内付清。2017年11月7日，张艳代表军之友公司向招标单位撤回质疑。欠条到期后，经张艳催要，张向阳仍未支付。2018年3月16日，张艳发短信告知张向阳，如不还欠款，将把其投标造假的证据（傲森尔公司在投标中多次使用虚假的国家工商总局颁发的2014至2015年度《全国守合同重信用企业》证书，张向阳本人对提供虚假材料的情况予以签字确认）发到某微信群。

2018年3月22日，张向阳安排员工取出90万元现金后，通知张艳取走，张艳写了收条。次日，张向阳到公安机关报案，称张艳以质疑其公司在业务投标中违标为由，敲诈勒索其120万元。

2018年4月16日，张艳因涉嫌敲诈勒索罪被刑事拘留，同年4月29日被逮捕。

❀ 案件

2018年11月15日，河北省秦皇岛市海港区人民检察院指控张艳犯敲诈勒索罪，向海港区法院提起公诉。

检察院指控：2017年10月24日，被告人张艳以质疑傲森尔公司在招标过程中违标为由向招标单位发出质疑函，之后在答应撤销质疑过程中向被害人张向阳索要人民币120万元。2017年11月7日，被害人张向阳先交付人民币30万元，后被告人张艳得知傲森尔公司在招标过程中使用虚假的《全国守合同重信用企业》资质证书后，在索要余款90万元时，以钱不到位就把造假证书的图片发至某微信群里为由威胁被害人张向阳，

2018年3月22日被害人张向阳交付余款人民币90万元。

检察院认为，被告人张艳以非法占有为目的，实施威胁的方法，强行索取公私财物，且数额特别巨大，其行为触犯了《刑法》第274条之规定，犯罪事实清楚，证据确实充分，应当以敲诈勒索罪追究其刑事责任。

2019年3月18日，秦皇岛海港区法院开庭审理此案，一审判决张艳无罪。检方提起了刑事抗诉，认为"一审认定事实和适用法律错误，且以审判过程中违反法定程序为由，建议对张艳处以10年以上量刑"。张艳的辩护人则坚持进行无罪辩护，海港区人民法院为张艳办理了取保候审。

2020年3月25日，秦皇岛市中级人民法院二审撤销一审原判，认定张艳犯敲诈勒索罪，判处有期徒刑3年，并处5万元罚金，责令张艳将所得赃款90万元退还给张向阳。

由于被判处法定刑以下的刑罚，判决依法报请最高人民法院核准后生效。

辩护律师坚持为张艳作无罪辩护，其详细辩护理由如下。

一、二审判决将军之友公司与傲森尔公司两个公司之间的民事争议认定成张艳与张向阳两个自然人之间的刑事敲诈勒索犯罪，确属错误

一审、二审判决认定的事实是一致的。

此次招标中，军之友公司、傲森尔公司等共计六家单位受邀请参加了招标采购。2017年10月19日，《采购预中标结果公示》，评标结果第一名傲森尔公司（报价910.10万元）、第二名军之友公司（报价655万元），推荐第一名为预中标供应商。公示时间：2017年10月20日8时至2017年10月26日24时。公示第4条写明："如有关供应商对评审结果有异议，可以在公示期内，以书面形式向我部提出质疑，我部将在收到书面质疑7个工作日内，向质疑供应商作出书面答复。"2017年

10月24日，军之友公司向招标单位提交了《关于贵部招标评审结果质疑函》，以其他五家公司报价（军之友公司报价655万元，傲森尔公司报价910.10万元，其他四家投标报价分别为报价928.86万元、931万元、939万元、952.80万元）远远超过成本（报价均在900万元以上），且明显呈规律性差异为由质疑有投标单位组织围标、串标；以招标文件中出现傲森尔公司名称为由质疑招标评标倾向性过于明显；质疑傲森尔公司与其他公司联合体投标。张向阳得知预中标结果遭质疑后，主动询问张艳是否是其公司提出的质疑，张艳当时表示否认。2017年10月底，张向阳、张艳的同学约二人在北京一起喝茶，在二人同学的劝说下张艳承认了是军之友公司提出的质疑，张艳答应可以撤回质疑，但傲森尔公司要把前期的欠款付清后再赔偿一部分钱。

据此，在招投标活动中，提出质疑的主体是公司，撤回质疑的主体也只能是公司；双方公司依据"撤回质疑"而进行的协商，均是公司之间的民事行为，若有争议，应通过民事诉讼予以解决。

二审判决却"认定张艳在张向阳为本次招标采购项目的预中标人后，依照相关规定向招标单位提出质疑，质疑张向阳在投标过程中存在违规行为"，确属错误。二审判决故意将投标主体、质疑主体、协商主体由两个公司曲解为张艳与张向阳两个自然人，是完全错误的。敲诈勒索罪犯罪没有单位犯罪，二审判决明知是两个公司之间的争议，却将之曲解成两个自然人之间的争议，有枉法裁判的嫌疑。

二、二审判决将两个公司之间达成的"军之友公司撤回质疑，傲森尔公司补偿120万元"的协议，曲解成"以傲森尔公司中标为基础或前提补偿给军之友公司120万元"

二审判决认定"双方上述行为均在张向阳仍作为预中标人，招标单位尚未针对本次招投标作出最终处理的基础上进行"完全没有事实依据，属于二审法院的"主观臆测"。在案证据证明，在军之友公司与傲森尔公司协商过程中，两公司各自起草的协议对方均未签字，视为没有达成合意，最终商讨确定"军之友公司撤回质疑，傲森尔公司赔偿或补偿120万元"，该合同有30万元的收条及90万元的欠条予以证明。双方公司各自起草的两个协议文本中曾有"撤回质疑赔偿内容"及"傲森尔公司中标签订正式合同"两种相互独立的方案，但双方均未达成一致协议。最终的协议仅仅为"军之友公司撤回质疑，傲森尔公司补偿120万元"这唯一的一致条款，完全没有以"傲森尔中标"为基础或前提。二审判决作出上述认定，表明办案人员没有认真阅卷，对于案件事实、证据没有认真研究，是对民事基本法律理解错误而作出的违背法律基本原则、违反法理与常识的认定。

三、二审判决认定"双方协商过程不符合相关法律规定"违反了民法与合同法的基本原则，确属错误

军之友公司与傲森尔公司作为法人，具有缔结合同的能力，撤回质疑对于军之友公司不利而对傲森尔公司有利，双方公司据此形成的民事合同，既没有违反法律、行政法规的强制性规定，也没有损害社会公共利益，自合同成立时生效，对于合同双方均具有约束力。我国《合同法》第4条（现为《民法典》所吸收）明确规定：当事人依法享有自愿订立合同的权利，任何单位和个人不得非法干预。

二审判决认定"双方协商过程不符合相关法律规定"，确属错误。双方公司签订的合同效力问题，应依照民事法律进行认定，双方对此若有异议，可通过协商、民事诉讼等渠道予以解决，刑事法律对此没有评判的义务，也没有干预的权力。

四、二审判决认定"张艳在 90 万元到期后向张向阳索要遭到拒绝后，便采用在特定微信群内披露傲森尔公司虚假的《全国守合同重信用企业》资质证书的方法相要挟，足以使张向阳产生恐惧心理，迫使张向阳在违背自身意愿的情况下交付了 90 万元，明确具有非法占有的主观意图，其行为符合敲诈勒索罪的犯罪构成"，确属错误

首先，90 万元的债务有张向阳签字的欠条作为依据。张向阳应当按照欠条约定的还款时间履行还款义务，张艳及军之友公司的法定代表人索要欠款完全符合法律的规定。张向阳若对 90 万的欠款有异议，完全可以通过民事诉讼的方法请求撤销欠条或者确认欠条无效。

其次，张艳是在张向阳逾期 1 个月后不仅不还款，还对张艳辱骂、威胁的情况下说的"气话"，且未付诸行动。

再次，张艳代表军之友公司索要 90 万元合法债务，张艳告知张向阳不付款就把造假的文件发到微信群里的行为，属于合同领域的正当维权行为，不能期待所有的民事主体在主张债权时完全心平气和、骂不还口、打不还手，张艳的行为不仅不违法，也不具有道德上的可谴责性。张向阳的傲森尔公司在超期未支付欠款的情况下，拒绝还款而且态度恶劣、野蛮，还污蔑军之友公司及张艳在其参与招标时再次"黑他"。一审查证，张艳及军之友公司完全没有再次参与招标项目的质疑，完全没有"黑他"的主观意愿与客观行为。被张向阳骂急了的张艳，说了一句有节制的气话表达了过去让着对方很多次的想法，但并未采取任何客观行动。

最后，2017 年 3 月 16 日，张艳说过一句"气话"后未采取任何行为也未联系张向阳，3 月 22 日张向阳主动通知张艳本人取走 90 万元现金并用录音固定证据，3 月 23 日张向阳便向公安机关报案。

五、纵观本案，军之友公司依法提出质疑后，所有的协商都是张向阳主动联系军之友公司的丧偶女性张艳且全程私自录音的，而且不乏跟踪、威胁、恐吓、侮辱性的语言与行为；张艳从未主动联系过张向阳，这与敲诈勒索罪的犯罪构成风马牛不相及

傲森尔公司得知预中标结果遭质疑后，均是张向阳主动联系军之友公司的张艳，双方的通话录音、现场谈话录音均是张向阳本人录制并提交给警方的，双方之间的短信聊天截图也均是张向阳提供给警方的。从整个过程看，均是张向阳主动联系、主动协商的，包括张向阳起草好协议，并将协议带到军之友公司位于卢龙县的厂房找张艳协商。

张向阳还采取了跟踪等人身威胁手段。二审宣告判决后的 2020 年 4 月 23 日晚上 23 时许，张向阳还亲自驾车跟踪丧偶单身女性张艳的车辆。张艳还就张向阳驾车跟踪一事于 2020 年 4 月 24 日向秦皇岛市公安机关报案，公安机关已经调取了张向阳驾车跟踪张艳车辆道路上的视频监控录像予以证实，因张向阳尚未对张艳的人身造成伤害，公安机关未予立案。但报警记录及公安机关的调查情况已在公安机关存档备查。

六、纵观本案，军之友公司在本次招投标活动中所有行为完全合情合理合法，而傲森尔公司却存在串标、围标、提供伪造的《全国守合同重信用企业》资质证书、迟延履行还款义务等涉嫌违法犯罪及不诚实、不守信等行为

军之友装具有限公司注册资本 1.5 亿元，张艳持股 1.49 亿元，其女儿持股 100 万元，公司员工近 700 人，在新冠肺炎疫情期间坚守在复工复产一线的员工近 300 人，为秦皇岛市、卢龙县各政府部门无偿捐赠了大量帐篷用于抗疫活动。军之友公司在抗疫活动中无偿捐赠抗疫物资，在做好自身防疫工作的情况下紧急复工复产，赢得了秦皇岛市委市政府领导、卢龙县委县政府领导、秦皇岛军分区领导的高度赞誉。军之友公司员工的薪资报酬远高于秦皇岛市平均工资水平，公司员工衷心热爱军之友公司，很多年轻的员工亲切地把单身女企业家张艳称为"张妈"。

在案证据证明，一审判决的认定是正确的：2017年10月24日，军之友公司向招标单位提出的质疑函中指出的四家投标单位报价明显呈规律性差异，已被侦查机关调取的《招标结果的处理情况》予以确认，质疑函中指出的招标文件中出现傲森尔公司名称有招标单位的《招标文件》予以证明；傲森尔公司向招标单位提交的投标文件中，有已被确认为虚假的《全国守合同重信用企业》证书，张向阳本人也对提供虚假材料的情况予以签字确认。上述证据足以认定张艳代表军之友公司提出质疑并主张赔偿是有事实依据的。

综上所述，无论基于国法、人情，还是基于中央保护民营企业家的精神以及司法改革大局，甚或是基于战斗在防疫抗疫一线的民营企业家及数百名员工复工复产一线的客观现实，辩护人均期待河北省高级人民法院、最高人民法院恪守法律底线，及时宣告张艳无罪。如果张艳被判决有罪，军之友公司这个民营企业就会破产，数百员工就会沦为失业人员，数百个家庭就可能遇到实际的生活困难。

2020年9月4日，秦皇岛市中级人民法院向张艳送达河北省高级人民法院于2020年6月9日作出的（2020）冀刑核64659723号刑事裁定书，该裁定以"认定张艳犯敲诈勒索罪主观故意不清"为由裁定撤销河北省秦皇岛市中级民法院的一审判决，发回重审。秦皇岛市中级人民法院重新组成合议庭，于2020年10月15日以庭审直播形式公开开庭审理，秦皇岛市人民检察院当庭发表对张艳判处10年以上有期徒刑的量刑建议，原审被告人张艳及其辩护人继续坚持完全无罪的辩护意见。

2020年10月23日，秦皇岛市中级人民法院公开开庭宣告驳回检察院抗诉，维持一审无罪判决。

法院认为，军之友公司张艳基于公司利益，根据《采购预中标结果公示》内容，向招标单位提出质疑，属于行使合法权利的行为，符合相关法律法规，并无不当。张艳提出质疑并未公开且并不希望其他人尤其张向阳知晓此事，故不能认定其有以提质疑为由向张向阳索财的故意。张向阳在与张艳就撤回质疑事宜进行协商后，同意支付 120 万元费用，且先行支付 30 万元，并就余款 90 万元出具了欠条。因此，张艳向张向阳索要欠条载明的款项，因前述背景属事出有因。虽然张艳在索要钱款的过程中实施了一定的胁迫行为，但在案证据不能排除张艳行为的本意是实现其自己认为应有的债权。该债权是否合理，双方确有争议，但不能因此认定张艳主观上具有非法占有他人钱财的目的，其行为不符合敲诈勒索罪的主观要件。基于此，对于抗诉机关认为张艳的行为属于非法索财，构成敲诈勒索罪的抗诉意见，不予支持。对于张艳及其辩护人主张张艳不构成敲诈勒索罪的意见，具有事实和法律依据，予以采纳。

另，原审法院虽存在程序不当问题，但因本案经本院审判委员会讨论认定张艳无罪，程序问题对本案的公正判决未产生重大影响。故对抗诉机关就此提出的抗诉意见亦不予支持。综上，现有在案证据不能证明张艳主观具有敲诈勒索的故意，其行为不符合敲诈勒索罪的构成要件。依照《刑事诉讼法》第 200 条第（2）项、第 244 条之规定，裁定如下：驳回抗诉，维持原判。

本裁定为终审裁定。

律师手记

不勾兑、不请托、法没有向不法低头

朱孝顶

这是一起正常审理中被宣判无罪的典型案例。相较于经过刑事申诉、再审最终宣告无罪的案例，这起一审无罪案件因为两级检察院对于一审无

罪判决的刑事抗诉而变得异常复杂。秦皇岛市中级人民法院最终以判处法定刑以下须经最高人民法院核准为由，将矛盾上交，最终在上级人民法院审核认定无罪的情况下终审宣告被告人无罪。

河北女企业家张艳经过921天的刑事追诉（实际被羁押336天），经过一审无罪、两级检察院抗诉，二审改判有罪，被处以法定刑以下刑罚须层报最高人民法院核准，河北省高级人民法院复核后认为张艳不构成犯罪，裁定撤销二审有罪判决发回重审，二审重审后最终作出完全无罪判决。

这是一起招投标领域中备受关注的重大典型案例。因行使法定质疑权利最终被指控敲诈勒索的案例很常见，本案是守法的中小企业为维护自身合法权益，面对招投标中的潜规则勇敢地行使了一次质疑权，却面临招标单位与其他参与投标的企业联合施压，被迫撤回质疑获得经济补偿却被构陷，企业负责人最终遭遇牢狱之灾的真实故事。

921天的刑事羁绊对于一个民营企业而言无异于灭顶之灾，刑事错案的国家赔偿标准相较于民营企业家的实际损失无异于杯水车薪。

保障无罪的人不受刑事追究，虽被列入刑事诉讼法，成为我国刑事诉讼的根本任务，但在实践中保障无罪的人不受刑事追究仍然任重道远。公安机关对于不应立案追诉的案件如何严把立案关，检察机关对于不应起诉的案件如何严把审查起诉关，人民法院面对无罪案件如何严把判决关，对于人民法院宣告无罪的案件，检察机关固然有刑事抗诉的权利，但如何防止仅为规避追责而滥用刑事抗诉权……仍然是需要大力破解的司法难题。

在办理这个案件的过程中，辩护律师穷尽了所有合法渠道，包括向河北省政法机关、河北省高级人民法院、河北省人民检察院邮寄了张艳完全无罪、请求司法机关坚守法律底线、切实保障无罪的人不受刑事追究的律师意见书，希望司法工作者能够切实保护民营企业家的合法权益，对应当宣告无罪的民营企业家，绝不能"以判处法定刑以下刑罚"名义制造错案。辩护律师的努力，最终引发了全国各大媒体的广泛报道，在各方努力之下，最终促成了案件获得完全无罪判决的结果。期间，所谓"被害人"还有长期派人尾随、跟踪张艳，当庭威胁恐吓辩护人等情节；也有检察机关劝说当事人认罪认罚，审判机关发函投诉辩护人网络公开辩护词等情节。辩护人顶住各种压力，坚持不勾兑、不请托，坚持依据事实和法律作无罪辩护。最终正义得以伸张，规则战胜了潜规则，法没有向不法低头，张艳最终收获完全无罪判决。

评议

敲诈勒索和正当维权的界限在哪？本案的辩护和裁判给出了相对明确的指引。

二审法院在无罪判决中认为，"本院经审理查明，张艳对傲森尔公司预中标结果提出质疑前，没有以提出质疑为条件，要挟张向阳索要钱财；提出质疑以后也没有以撤回质疑为条件要挟张向阳索要钱财。经双方好友调和，才达成了和解"。同时，法院还认定"虽然张艳在索要欠款的过程中实施了一定的胁迫行为，但在案证据不能排除张艳行为的本意是实现其自己认为应有的债权。该债权是否合理，双方确有争议，但不能因此认定张艳主观上具有非法占有他人钱财的目的，其行为不符合敲诈勒索罪的主观要件"。归纳下来就是，客观上行为人是否以维权为由，换取对方支付对价；主观上行为人对其维权的客体是否具有民法上的请求权，根本上就是其主张是否具有正当依据。

"法不能向不法让步"，本案对此呈现了新解。近年来，官方文件中多次在正当防卫案件中提到"法不能向不法让步"，这一论断在张艳案件中同样适用。从这个案件可以看出，办案机关选择性执法问题较为严重，招标单位在多个投标企业中，没有选择报价显然更低的企业，这本身就是令人质疑的。若招投标过程全然公开、透明、合法，张艳的企业提出了质疑又有何惧？且辩护律师也提到，该案中存在"围标""串标"等一系列违法甚至可能犯罪的情节，未见办案机关依法移送有管辖权的部门追究，却对有充分维权依据的企业家追责。可见，"法不能向不法让步"不仅仅是官方定义的宣言，更应当是所有诉讼参与人通过自己的实际行动诠释的实质内涵。

律师的辩护工作对该案最终的无罪判决起到了决定性作用。任何一个刑事案件，应然的无罪和实然的无罪之间有着无尽的艰难险阻。因此很多律师在辩护过程都要始终强调"穷尽"一切法律手段，尽可能维护当事人的合法权利，努力使无罪的人获得无罪裁判，努力使罪轻的人获得轻罪裁判。但问题是，"穷尽"一词在法律工作中是非常主观的，不同的辩护律师"穷尽"的程度不一样，不同的案件需要"穷尽"的法律手段也不一样，甚至在有的人眼里，律师应该多"找关系"，"找大领导干预"才算是穷尽手段。张艳案件的辩护律师为"穷尽"法律手段开展辩护做了很好的示范。比如，辩护律师向河北省几乎所有政法机关通过邮寄材料的方式表达张艳无罪的意见；通过近乎完美的辩护工作引起媒体对案件的关注，使得办案机关充分接受媒体和群众的监督，避免司法机关利用刑事法庭内外信息不对称的特点，违规、违法作出不利于当事人的裁判；当然，坚决不勾兑、不请托，坚持依据事实和法律做无罪辩护更是彰显了极致的专业精神。

该案律师在辩护过程中也展现出了高超的专业水准和非凡的胆识。譬如，遭到控告方的恐吓，因在网络公开辩护词而被审判机关发函投诉等，但辩护律师仍顶住各方压力，全力为当事人辩护。

女实习律师的买房纠纷 从"虚假诉讼"到"诈骗犯"

宋书国

回顾

今年49岁的张传美2019年自学通过司法考试,在一家律师事务所实习。在成为一名执业律师前,她却被控虚假诉讼罪、诈骗罪。

事情要从2011年年初说起。张传美经他人介绍与刘海丰结识。刘海丰是吉林市上佳房地产开发有限公司(以下简称上佳公司)、吉林市上佳房地产开发有限公司永吉分公司(以下简称上佳永吉分公司)的实际经营者。2011年4月至2014年4月间,张传美多次借款给刘海丰用于永吉县上佳锦园小区建设,刘海丰借款后陆续偿还部分本金和利息。

在借款期间,张传美于2012年与上佳永吉分公司签订上佳锦园2号楼、4号楼各一处商品房买卖合同,并由该公司出具710余万元购房收据,后双方于2012年11月2日到永吉县房产部门办理预告登记。

张传美又于2014年与上佳永吉分公司签订了上佳锦园9号楼(全部车库,1单元、3单元、4单元全部住宅,2单元3—6层住宅)、10号楼(全部车库、住宅)的商品房买卖合同,并由该公司出具1323余万元购房收据,双方于2014年1月23日到永吉县房产部门办理预告登记。张传美于

2014年5月19日分别持两次房屋预告登记的资料向永吉县人民法院提起两起民事诉讼，要求上佳公司及上佳永吉分公司履行房屋买卖合同，办理更名过户，得到永吉县人民法院支持，二审、再审法院维持了永吉县人民法院的民事判决。

虽然永吉县法院已将该案执行终结，但此时上佳公司、上佳永吉分公司并未按法院确定的义务向申请执行人张传美交付全部房产并全部办理产权登记。

为了拒不履行永吉县法院三份民事判决书和执行裁定所确定的义务，在永吉县法院将该案"执行终结"后，上佳公司又向吉林市人民检察院申请检察监督。经审查，吉林市人民检察院认为，上佳公司的监督请求不符合监督条件，申请监督理由没有法律依据，并于2018年4月18日作出不支持监督申请决定书。

张传美在此后清收房产的过程中发现，永吉县法院判决书确认并已"执行终结"的11份《商品房买卖合同》中，有90余套价值1000余万元的房产被上佳公司、上佳永吉分公司实际控制人刘海丰非法变卖。因此，张传美向永吉法院报案，法院答复是"该案已执行终结，这些房产都执行给你了，现在房产被别人给卖了，你只能去公安局报案"。

2018年8月18日，张传美到永吉县公安局城南派出所报案，控告刘海丰非法处置法院查封财产、合同诈骗、拒不执行判决裁定等违法犯罪事实，并提供了充分的证据。

☼ 案件

永吉县公安局对刘海丰立案侦查后，于2018年11月23日对刘海丰取保候审。刘海丰在取保候审后，拒不执行法院生效判决和执行裁定，反而以张传美"虚假诉讼"为由，向永吉县公安局举报张传美。

2019年7月4日，张传美以涉嫌虚假诉讼罪被永吉县公安局刑事拘留，于 2019 年 7 月 18 日被依法逮捕。

刘海丰认为涉案房产系借款抵押，并非真实的买卖，遂控告张传美涉嫌诈骗犯罪。上述车库、住宅，经评估市值达 33186605 元。永吉县公安局侦查终结后认为案件重大，于 2019 年 9 月 17 日向吉林市人民检察院移送审查起诉。起诉意见书认为，张传美继续向刘海丰高息借款，以明显低于建筑成本的价格与刘海丰签订上佳锦园 9 号楼（全部车库，1 单元、3 单元、4 单元全部住宅，2 单元 3—6 层住宅）、10 号楼（全部车库、住宅）商品房买卖合同，并由上佳永吉分公司出具现金收据，然后到永吉县房产办理预告登记，以此进行借贷抵押。

张传美在收回大部分借款本息后，为了获取更大的非法利益，于 2014 年 5 月 19 日，以虚假的商品房买卖合同到永吉县人民法院对刘海丰及上佳公司、上佳永吉分公司提起民事诉讼，要求履行商品房买卖合同，骗取法院判决，意图将市值 33186605 元的房屋据为己有。

而在张传美被批捕后的 2019 年 11 月 5 日，永吉县法院以非法处置查封财产罪，判处被告单位上佳永吉分公司罚金人民币 10 万元；以非法处置查封的财产罪，判处被告人刘海丰有期徒刑 1 年 6 个月，缓刑 2 年。该判决对上佳公司永吉分公司和刘海丰的违法所得未予追缴，涉案房产未予处理。

辩护律师宋书国为张佳美作无罪辩护，其详细辩护理由如下。

公安机关对张传美是以虚假诉讼罪立案侦查的，以诈骗罪提请批准逮捕和移送审查起诉的。辩护人多次会见犯罪嫌疑人，认真阅读案卷材料，走访了部分知情人员，咨询了数位法学专家，现在已完全了解本案的事实和证据。辩护人认为张传美无罪，检察院院应作出绝对不起诉决定。

第一，在案证据除了被害人刘海丰的陈述，其他类型的证据如物证、书证，证人证言，犯罪嫌疑人供述和辩解，鉴定意见，勘验、检查、辨认笔录，视听资料，电子数据等，均不能证实张传美实施了虚假诉讼或诈骗的行为。被害人刘海丰的陈述属于孤证，没有其他证据印证，不应采信。

第二，张传美提起的两起民事诉讼案件，历经永吉县、吉林市、吉林省三级法院的审理，其诉求均得到支持，且在执行阶段被害人刘海丰也给予配合。没有证据证明三级法院的民事判决书有错误。民事判决书已发生法律效力，没有被撤销，应当受到尊重。张传美的同一行为不应该在民事法律和刑事法律评价上有所不同，人民法院生效的民事判决书不应被亵渎。

第三，2002年10月24日，最高人民检察院法律政策研究室发布施行的《关于通过伪造证据骗取法院民事裁判占有他人财物的行为如何适用法律问题的答复》，内容为："山东省人民检察院研究室：你院《关于通过伪造证据骗取法院民事裁决占有他人财物的行为能否构成诈骗罪的请示》收悉，经研究答复如下：　以非法占有为目的，通过伪造证据骗取法院民事裁判占有他人财物的行为所侵害的主要是人民法院正常的审判活动，可以由人民法院依照民事诉讼法的有关规定作出处理，不宜以诈骗罪追究行为人的刑事责任。如果行为人伪造证据时，实施了伪造公司、企业、事业单位、人民团体印章的行为，构成犯罪的，应当依照《刑法》第280条第2款的规定，以伪造公司、企业、事业单位、人民团体印章罪追究刑事责任；如果行为人有指使他人作伪证行为，构成犯罪的应当依照《刑法》第307条第1款的规定，以妨害作证罪追究刑事责任。"

该指导意见可归纳为，行为人即使实施了以非法占有为目的，通过伪造证据骗取法院民事裁判占有他人财物的行为，可以由人民法院依照民事诉讼法的有关规定作出处理，不宜以诈骗罪追究行为人的刑事责任。作为下级人民检察院的吉林省吉林市人民检察院，应当遵循最高人民检察院的该指导意见。

第四，最高人民检察院的上述指导意见还可归纳为，行为人即使实施了以非法占有为目的，通过伪造证据骗取法院民事裁判占有他人财物的行为，也可以依照民事诉讼法的有关规定作出处理。虚假诉讼罪是2015年11月1日实施的《刑法修正案（九）》新增加的罪名，本案案发时间在2015年11月1日之前，因此，张传美也不能以虚假诉讼罪追究刑事责任。

第五，辩护人通过大数据，检索到的与本案相似的类案刑事判决书，都是对被告人作的无罪判决。比较典型的有安徽省淮南市中级人民法院对上诉人金某作出的（2015）淮刑终字第00015号终审刑事判决书。

在该刑事判决书中，安徽省淮南市中级人民法院经审理查明：2008年10月，上诉人金某与淮南矿业集团有限责任公司签订了房屋租赁合同，租赁淮南矿业集团有限公司位于谢三村小区内面积为1633余平方米的房屋用于经营浴池。2013年3月28日，金某向淮南市中级人民法院起诉淮矿地产有限责任公司房屋买卖合同纠纷，并向法院提供了有淮矿地产营销部主管何某签字的收条复印件一张（时间为2009年9月14日，金额为150万元），加盖淮矿地产营销部印章及有何某签字的两份收据（两份收据的金额均为150万元，时间分别是2009年9月17日、2009年11月5日），加盖有淮矿地产营销部印章的房屋买卖合同一份（时间为2009年12月，房屋位于谢三村，面积为1633平方米），据此请求法院判令淮矿地产交付房屋，并赔偿其经济损失104.7344万元。淮矿地产向法院提交了何某于2013年4月18日出具的情况说明及差旅费报销单、机票等，证明自2009年9月16日至19日，何某在深圳、广州出差。经广东明鉴文书司法鉴定所鉴定：（1）标注的落款日期为"2009年9月14日"的《收条》复印件是采用复制、粘贴、再合成转印等技术手段而变造形成；（2）标注日期为"2009年11月5日"的《收据》中蓝色复写字迹、标注日期为"2009年9月17日"的《收据》中蓝色复写字迹形成时间均为2013年1月之后；（3）标注日期为"2009年12月"的《房屋买卖合同》中落款处签名"金某"字迹的形成时间为2012年9月之后；（4）收据、合同上加盖的印文与"淮矿地产有限责任公司营销部"（样本）的印文均不是同一枚印章盖印。经安徽省公安厅鉴定：金某提交的2009年9月17日、2009年11月5日的两份收据上"何某"签名笔迹与何某样本签名笔迹不是同一人书写形成。经安徽众信资产评估有限公司评估：涉案房屋建筑在2013年3月28日评估基准日评估价值为7455842元。据此，安徽省淮南市中级人民法院根据2002年10月24日最高人民检察院法律政策研究室发布施行的

《关于通过伪造证据骗取法院民事裁判占有他人财物的行为如何适用法律问题的答复》，撤销了安徽省淮南市田家庵区人民法院（2014）田刑初字第 00143 号一审诈骗罪的刑事判决，改判金某犯伪造公司印章罪，判处有期徒刑 2 年 6 个月。

综上，本案犯罪嫌疑人张传美既不构成诈骗罪，也不构成虚假诉讼罪，除了有明确的法律依据外，司法实践中，与本案相似的类案，人民法院也未按诈骗罪或虚假诉讼罪处理。

犯罪嫌疑人张传美克服重重困难，连续九年参加法考，刚刚获得法律职业资格证书，案发前在吉林市某律师事务所做实习律师。如果不是因为涉嫌犯罪被羁押，顺利的话，再有几个月，她就可以正式成为一名执业律师了。辩护人请求检察官对本案认真审查，做到实事求是、不枉不纵、公正处理，对张传美作出绝对不起诉决定，使其早日成为一名合格的执业律师。

吉林市人民检察院经一次退回补充侦查和两次延长审查起诉期限，最终认定张传美不构成诈骗罪，于 2020 年 1 月 9 日作出不起诉决定。检察院认为，依据现有证据，张传美主观上没有非法占有他人财物的目的，客观上没有虚构事实隐瞒真相的行为，其行为不构成诈骗罪。依照《刑事诉讼法》第 177 条第 1 款的规定，决定对张传美不起诉。

2021 年 5 月，永吉县人民检察院作出《刑事赔偿决定书》，决定支付张传美人身自由赔偿金人民币 47383.70 元，精神损害抚慰金人民币 20000 元，并对赔偿请求人张传美赔礼道歉。

✒ 律师手记

难得的绝对不起诉决定

宋书国

2020 年 1 月 9 日，我收到了吉林省吉林市人民检察院的《不起诉决定书》，内容为张传美不构成诈骗罪，对其不起诉。接到《不起诉决定书》的那一刻，我百感交集，感慨良多。

身份特殊的犯罪嫌疑人

2019年7月初，我和律师事务所主任、著名刑辩律师张铁雁在吉林省吉林市出差。一天清晨，张主任告诉我，吉林省吉林市一位叫张传美的实习律师涉嫌诈骗市值33186605元的房屋，案件正在吉林省吉林市人民检察院审查起诉，家属已与律师事务所签订委托协议，律所指派我为其做辩护人。张主任再三强调，案情重大复杂，如果罪名成立，可能判处无期徒刑，事关一个实习律师的职业生涯。张主任还反复叮嘱我，办案过程中要认真细致，不放过任何蛛丝马迹。我接受了任务。

通过会见和阅卷，我了解到，犯罪嫌疑人张传美通过自学取得法律专业大学文凭，连续九年参加法律职业资格考试，刚刚获得法律职业资格证书，案发前正在吉林市某律师事务所做实习律师。如果不是因为涉嫌犯罪被羁押，再有几个月她就可以正式成为一名执业律师了。

案件的争议焦点

永吉县公安局最初是以虚假诉讼罪对张传美立案侦查的。《提请逮捕书》和《起诉意见书》指控的罪名却是诈骗罪。说明公安机关自身对案件的定性，意见也是不一致的。依据2002年10月24日最高人民检察院法律政策研究室发布施行的《关于通过伪造证据骗取法院民事裁判占有他人财物的行为如何适用法律问题的答复》，再加上虚假诉讼罪是2015年11月1日实施的《刑法修正案（九）》新增加的罪名，本案发生的时间在2015年11月1日之前。因此，我判断张传美既不构成诈骗罪，也不构成虚假诉讼罪。为张传美做无罪辩护的想法油然而生。

律师的辩护策略

为了说服检察官作不起诉决定，我从以下几个方面着手准备辩护策略。

第一，我向检察官强调，在案证据除了被害人刘海丰的陈述，没有任何其他证据能证实张传美实施了虚假诉讼或诈骗的行为，即刘海丰的陈述没有任何证据印证。

第二，张传美提起的两起民事诉讼案件，历经永吉县、吉林市、吉林省三级法院的审理，其诉求均得到支持，且在执行阶段被害人刘海丰也给予配合。没有证据证明三级法院审理的民事判决书有错误，民事判决书已发生法律效力，也没有被撤销，应当受到尊重。张传美的同一行为不应该在民事法律和刑事法律评价上产生冲突，人民法院的生效民事判决书不应该被亵渎。

第三，即使张传美实施了以非法占有为目的，通过伪造证据骗取法院民事裁判占有他人财物的行为，最高人民检察院的相关答复对此类行为已明确不宜以诈骗罪追究刑事责任，下级人民检察院应当遵循最高人民检察院的指导意见。

第四，即使张传美实施了以非法占有为目的，通过伪造证据骗取法院民事裁判占有他人财物的行为，最高人民检察院的相关答复对此类行为也是要求依照民事诉讼法的有关规定作出处理，鉴于案发时间在2015年11月1日之前，也不能以虚假诉讼罪追究张传美的刑事责任。

第五，我还收集了与本案相似的类案无罪刑事判决书，提交给检察官做参考。

围绕以上五点，我反复耐心地与检察官沟通、探讨、交流。功夫不负有心人，吉林省吉林市人民检察院最终采纳了我的无罪辩护意见，我如释重负。

张传美现在又回到律师事务所做实习律师了，不久的将来她就会成为一名正式的执业律师。我希望她能通过自己的亲身经历，认识到律师在实施依法治国方略中的重要作用，我更希望她始终忠实于事实和法律，在律师执业生涯中行稳致远！

评议

民事裁判认定的事实，是否必然阻却刑事认定？这是本案中非常值得探讨的问题。

处理刑民交叉案件，要遵循法秩序的统一性原理，防止将前置法上不具有违法性的行为，在刑法上认定为犯罪，避免刑法随意侵入民事领域，使公民陷入不必要的刑事风险。

在张传美案件中，辩护律师引用最高人民检察院法律政策研究室《关于通过伪造证据骗取法院民事裁判占有他人财物的行为如何适用法律问题的答复》，即"以非法占有为目的，通过伪造证据骗取法院民事裁判占有他人财物的行为所侵害的主要是人民法院正常的审判活动，可以由人民法院依照民事诉讼法的有关规定作出处理，不宜以诈骗罪追究行为人的刑事责任"，紧扣该案的民商事属性，以已经生效的民事裁判文书为锚点，结合大量的类案检索，说服检察机关最终作出不起诉决定，充分表现出辩护律师能够发现问题、向司法机关阐明问题、让司法机关意识到问题的专业水准，在此基础上促成案件获得不起诉结果，实现有效辩护。

实际上，除了律师引用的最高人民检察院的前述《答复》作为实体上的出罪依据，从证据层面论证，同样能得出"民事裁判认定的事实在刑事诉讼程序中也不应轻易推翻"的结论。从相关法律规定能看出，民事诉讼程序认定案件事实，需要达到高度盖然性的程度，理论上通常认为是80%的可能性（最高人民法院关于适用《中华人民共和国民事诉讼法》的解释第108条规定，对负有举证证明责任的当事人提供的证据，人民法院经审查并结合相关事实，确信待证事实的存在具有高度可能性的，应当认定该事实存在）；相应的，刑事案件认定案件事实，需要达到排除合理怀疑的程度（《刑事诉讼法》第55条规定，综合全案证据，对所认定事实已排除合理怀疑），理论上应达到95%～99%之间，那么反过来看，哪怕案件存在1%～5%的合理怀疑都不能定罪。据此，如果一个行为，具有5%的合理怀疑就能"出罪"，那么已被民事诉讼按照80%高度盖然性的标准认定的案件事实，怎么可能具有定罪的条件和基础？换句话说，除非有新的证据促成案件事实认定基础的重大变化，否则，一旦被民事诉讼程序认定的事实，无论如何是不宜再被认定为犯罪事实的。

邢台"杰出青年"被控贪污的背后

张 彦 张 琛

回顾

石文军,1993年毕业于河北煤炭建工学院,中共党员,硕士研究生学历,正高级工程师。曾任邢台市路桥建设总公司工程一处处长、邢台道桥建设工程处处长、邢台路桥房地产开发公司总经理。

邢台市科学技术协会的官网上,曾以《石文军:兢兢业业 精益求精》为标题描述了石文军在工作岗位的先进事迹。多年来,石文军屡次在交通领域获得各种奖项。他历年考核都被评为优秀,2000—2007年,他五次荣立三等功,并被评为河北省"青年岗位能手""邢台市新长征突击手""河北省交通系统劳动模范"等;2007年被评为"邢台市十大杰出青年""邢台市城市建设先进个人";2009年被评为"省交通厅劳动模范""河北省新长征突击手";2010年荣获市委组织部、市人力资源和社会保障局、市科协第三届"邢台市青年科技奖"。

这篇文章提到,作为一名共产党员,石文军同志从思想上严谨、高标准要求,在行动上处处起到表率作用,要求别人做的自己首先做到,不让别人做的,自己绝对不做。在多年主管工程建设过程中,他多次拒绝了亲友分包工程、安排机械设备、供应材料的请求,从来不为自己和亲友谋求私利；每一处、每一点都实行"阳光运作"，为给同志们作出表率；他严格遵守管理制度，日夜坚守在工地；他有自己的工作用车，可是他没有用公车办过一次私事。

就是这样一位优秀的"杰出青年"，却因公司产权分离，被控贪污罪。

⊛ 案件

2015 年 6 月 10 日，石文军以涉嫌贪污罪被刑事拘留，同年 6 月 25 日，经唐山市人民检察院决定被执行逮捕。

2016 年 4 月 5 日，唐山市人民检察院以石文军涉嫌贪污罪向唐山市中级人民法院提起公诉。

起诉书指控：2006 年 4 月底，邢台市政府授权路桥总公司为邢台市七里河综合治理项目业主。为开发该项目，路桥总公司筹集 100 万元国有资金和 413 万元的职工集资，于同年 5 月 19 日注册成立了路桥房地产公司，并在 2007 年 12 月份向路桥房地产公司增加国有投资 500 万元。为遵守国有资本不允许注入房地产开发企业的有关规定，在被告人李来宾的安排下，上述国有出资均登记在连书维等 9 名职工名下。

2011 年 2 月，邢台市政府决定路桥总公司退出七里河项目。2012 年 7 月，为理清与路桥房地产公司的关系，路桥总公司决定清退在路桥房地产公司的职工股份。被告人李来宾事前经与时任路桥房地产公司法定代表人、总经理的被告人石文军共谋，未将 600 万元的国有出资列入清退范围，而是由二被告人隐匿、侵吞该笔资产。

2012 年 11 月 29 日，被告人石文军等 5 名路桥房地产公司股东与路桥总公司持股职工签订股权转让协议，并由路桥房地产公司支付本息 1309.495 万元。在此过程中，二被告人利用职务便利，通过伪造资金情况等手段隐瞒总公司的投资收益，非法占有国有资金 13028.403473 万元。

检察院认为，被告人李来宾、石文军身为国家工作人员，利用职务上的便利，通过侵吞等手段非法占有公共财物，数额特别巨大，应当以贪污罪追究其刑事责任。

辩护律师首先指出，石文军本身不是国家工作人员，不符合贪污罪的主体要件。而且，国有资产产权分离的清退方案和具体步骤都是路桥总公司集体研究决定的，本案没有犯罪事实发生。另外，律师还调取了大量书证材料，发现《专项审计报告》《资产评估报告书》遗漏了大量的事实和证据，虚增利润一亿多元。律师坚持为石文军作无罪辩护，其详细辩护理由如下。

一、《起诉书》中认定："2011年2月，邢台市政府决定路桥总公司退出七里河项目。2012年7月，为理清与路桥房地产公司的关系，路桥总公司决定清退在路桥房地产公司的职工股份。被告人李来宾事前经与时任路桥房地产公司法定代表人、总经理的被告人石文军共谋，未将600万元的国有出资列入清退范围而是由二被告人隐匿、侵吞。"完全系认定事实错误

首先，《起诉书》中前述内容自相矛盾、不合逻辑。

《起诉书》第一句清晰无误地写着路桥总公司决定清退的是"职工股份"；第二句莫名其妙地冒出"二被告未将600万元国有股列入清退范围"的说法。第一句的主体是"路桥总公司决定"，清退的对象也仅限于"职工股份"，根本不涉及国有出资的清退。第二句主体无缘无故地被替换成了二被告，清退对象也凭空增加了600万元的国有出资部分。这种前言不搭后语的表述让人无法理解，也完全不符合基本的法律逻辑。

其次，没有证据证实李来宾与石文军事前共谋将职工集资款本息退清后，故意不清退600万元的国有出资，从而由李来宾和石文军共同占有、隐匿国有资产形成的股份。

1. 辩护人在会见石文军的过程中，石文军多次强调其主观上从来没有贪污的意思表示，没有在研究清退职工股份方案前与李来宾共谋，更没有

共同占有、隐匿国有出资形成的股份。

2. 石文军在 2015 年 6 月 2 日的亲笔供词中写道，"我个人没有任何想法，我没有想着去侵占，也没有和李来宾联合去占国家的便宜"。

3. 2015 年 6 月 30 日，石文军将自己手写的 12 页无罪自述材料交给唐山市丰南区人民检察院驻唐山市丰南区所看守所检察官，委托驻检转交办案人员，材料内容系石文军对在石家庄审讯期间，其所述不实案情的更正。

4. 石文军、李来宾的供述均没有二人之间存在密谋将职工集资款本息退清后，由李来宾和石文军共同占有、隐匿国有资产形成的股份的意思表示。

例如：2015 年 8 月 4 日，侦查机关问李来宾："在路桥房地产公司买断原始股份的过程中，石文军跟你商量过有关股份分配的事情吗？"李来宾明确回答："没有商量过。"

李来宾 2015 年 6 月 15 日供述："我在路桥房地产公司没有股份……石文军没有给过我路桥房地产公司 20% 的股份。"

5. 路桥房地产公司的原职工集资款清退事实上系房地产现有职工共同集资受让了房地产公司原有职工持股，该行为是经过路桥总公司组织班子会研究形成的，清退方案内容均是集体研究确定的，并非二被告密谋决定。

2012 年 7 月，路桥总公司开会研究，决定成立由赵宝莲牵头，李利华、张秀峰等 5 人组成的股份处置小组。后经多次开会研究退股及利润分配问题，最终由赵宝莲起草《清理房地产公司股份通知》，经李来宾同意签发。前述相关行为均系职务行为，并非二人个人意志决定。

上述事实有相关会议记录、在案证人证言（张秀峰 2015 年 6 月 19 日；张世英 2015 年 6 月 18 日；李利华 2015 年 6 月 6 日等）予以证实。

再次，《起诉书》中关于"……未将 600 万元的国有出资列入清退范围，而是由二被告人隐匿、侵吞"的表述严重与事实不符。

辩护人查遍在案证据，并未发现工商档案中显示有路桥总公司投入路桥房地产公司资本 600 万元。既然 600 万从来没有在工商登记中显示，那何来退出一说？显而易见，600 万元事实上根本未列入清退范围。而此

600 万元股份分散在原有的部分股东名下，工商登记变更后概括转移到后来的全部股东名下，其代持的形式及权利归属未产生任何变化。

在此，还需要特别指出 2010 年发生的 600 万元倒账一事，石文军本人并不知情，更没有参与其中甚至主导安排，公诉机关所谓"事后认可"的说法纯系子虚乌有。

石文军 2016 年 1 月 14 日供述："现在邢台路桥建设总公司是邢台路桥房地产开发有限公司 600 万元的实际出资人。这个事情我是 2015 年 3 月份才知道的。"

综上，《起诉书》中的上述认定与事实不符。

二、《起诉书》中认定："2012 年 11 月 29 日，被告人石文军等 5 名路桥房地产公司股东与路桥总公司持股职工签订股权转让协议，并由路桥房地产公司支付本息 1309.495 万元。"严重背离了在案证据证明的事实

在案大量书证材料充分证实，房地产公司现有职工以缴纳风险金的方式（实质系受让股权的对价款）支付了原股东 1309.495 万元，该款项在新老股东之间直接自行交接，从未进入房地产公司账户，亦未在房地产公司记账，并非路桥房地产公司的财产，退出股东获取的股权转让款无论如何也不可能认定为用公司财产支付。

例如：

1. 侦查卷 22，侦查机关附《办案说明》明确指出："此件共计 6 页，由邢台路桥房地产公司提供，反映 2012 年 12 月退邢台路桥建设总公司职工股份时，房地产公司职工交纳的风险抵押金明细表，房地产职工一共 44 人交了 1517 万元风险抵押金，这些钱用于退邢台路桥建设总公司职工股份和红利。"并后附风险金交纳明细表及交纳明细。

2. 2015 年 7 月 2 日，侦查机关另行出具《说明》："以下复印件共 48 页，

由范俊英等 8 名股东代表提供，证实 2013 年房地产公司给原入股职工退本息情况。"并后附明细表及相关银行单据、收据等凭证。

3. 侦查机关在《起诉意见书》中亦认定："后路桥房地产公司职工缴纳风险抵押金，买断职工集资款本息 1309.495 元（其中股本金 410.5 元、分红 898.995 元）。"

4. 2012 年 12 月 26 日 17:30 房地产公司会议纪要也可证明上述事实。

除书证材料外，证人证言亦可佐证同样的事实。

证人张丽艳 2015 年 7 月 10 日的笔录记载，侦查机关问："你们公司退总公司原始职工股份钱的来源你清楚吗？"回答："我清楚，这些钱也是我们公司职工交的风险抵押金。"等等。

三、《起诉书》中认定："二被告人利用职务便利，通过伪造资金情况等手段隐瞒总公司的投资收益，非法占有国有资金 13028.403473 万元。"完全系认定事实错误

1. 现有证据无法证实二人有共同的犯罪故意（前有赘述，此处不再重复）。

2. 没有证据证实石文军伙同李来宾伪造资金情况。

3. 如前所述，因 600 万元国有出资并未清退，当然不存在隐瞒国有出资部分收益的情况。

4. 石文军并未实际占有涉案资金，对其定罪没有法律依据。

根据《公司法》之法人人格独立原则，公司占有或者所有的财产完全独立于股东个人财产，股东对公司仅享有股权，并不对公司财产享有权利，故公司占有在原则上不能视为身为股东的石文军本人的占有。因此，涉案资金未被石文军实际占有，不应认定石文军非法占有涉案资产。

2012 年 11 月 29 日直至案发后，长达两年多的时间，二被告未依据股权享有任何权利，没根据股权或所谓的控制权获取一分钱的利益。

公诉机关关于房地产公司被李来宾及石文军所控制的说法完全没有证据支持。

四、现有大量证据证实，2012 年 11 月 29 日路桥房地产公司变更工商登记以后，路桥总公司对房地产公司在经营管理上，在人、财、 物上仍然行使管理权

1. 路桥房地产公司在经营管理上仍需向路桥总公司请示，有下列书证为据。

（1）2013 年 6 月 4 日邢台路桥房地产公司（2013）13 号文件《邢台路桥房地产开发有限公司关于申请使用锦江商铺抵押的请示》（详见二退卷第 19 页）。

（2）邢台路桥房地产公司（2014）09 号文件《关于阳光水岸项目专项审查的申请》（详见二退卷第 22 页）。

（3）2014 年 3 月 20 日邢台路桥房地产公司《关于锦江商铺办理抵押的申请》（详见二退卷第 23 页）。

（4）2014 年 6 月 16 日邢台路桥房地产公司 (2014)20 号文件《邢台路桥房地产开发有限公司关于阳光水岸商住项目委托代建相关费用结算与支付的申请》（详见二退卷第 24 页）。

（5）2015 年 2 月 6 日邢台路桥房地产公司（2015）01 号文件《邢台路桥房地产开发有限公司关于拨付阳光水岸商住项目资金的申请》（详见二退卷第 25 页）。

2. 2012 年 11 月 29 日以后，路桥总公司在人、财、物上仍然对路桥房地产公司进行管理，有下列书证为据。

（1）从路桥总公司调入房地产公司的在册职工社会保险的缴纳仍然由总公司进行管理（详见补充卷一第 118 页至第 130 页，辩护人在法院阅取）。

（2）2014年8月10日路桥总公司将李占峰调入路桥房地产公司（详见补充卷一第10页，辩护人在法院阅取）。

（3）2012年、2013年、2014年路桥总公司表彰"岗位业绩优秀员工"其中包括路桥房地产公司的职工（详见补充卷一第139页至145页，辩护人在法院阅取）。

（4）《关于印发2014年目标任务分解表的通知及年度工作会议上的报告》及《2014年8月29日邢台路桥建设总公司会议记录》均有安排或涉及路桥房地产公司的内容（详见补充卷一第183页，辩护人在法院阅取）。

（5）《2010—2014年邢台路桥建设总公司文件领用登记表》均包含有路桥房地产公司领取情况（详见补充卷一第73页至第117页，辩护人在法院阅取）。

（6）按照邢台路桥总公司《机械设备管理办法》，房地产公司及总公司所属企业的车辆使用费均按总公司的规定执行（详见补充卷二第106页至第110页，辩护人在法院阅取）。

（7）2013年11月1日经路桥总公司安排，房地产公司借款给邢台路桥创业投资有限公司（邢台路桥总公司下属公司）。

（8）2014年1月6日经路桥总公司安排，房地产公司借款给邢台路桥创业投资有限公司（邢台路桥总公司下属公司）10万元。

（9）邢台路桥总公司自建行网银开通至今（网银开通时间为2009年以前），建行网银下挂账户截至2016年3月7日共计44个。路桥总公司可以直接从任意一个下挂账户划拨资金。

路桥房地产公司账户自2009年至今，一直为总公司的下挂账户。

2013年11月25日，路桥总公司直接从路桥房地产公司账户划拨500万元用于还贷。

此外，从2010年至今，邢台路桥房地产开发有限公司安排专人负责接收邢台路桥总公司的文件。

诸如上述证据，此处不一一列举，详见辩方证据一、二、三、四、五、六。

需要说明的是，上述证据材料辩护人在审查起诉阶段已经全部提交给唐山市人民检察院。通过阅卷，辩护人发现还有部分材料没有移交至法院，现辩护人再次提供。

除了上述大量书证材料以外，还有证人证言可以佐证。

李殿双 2016 年 1 月 19 日笔录记载："每年的表彰都要经过路桥建设总公司班子会研究确定，邢台路桥房地产开发有限公司受到表彰的这些人的人事关系都在路桥建设总公司。他们属于邢台市交通局在编人员，虽然在路桥房地产公司工作，2012 年清退了职工股份，但职工考核还在路桥建设总公司进行，所以在每年的评先过程中，都有路桥房地产开发有限公司的人员参与表彰。"（详见补充卷三，辩护人在法院阅取）

五、在案证据《关于清理房地产公司、交通设施公司原始股份的通知》明确写道："2012 年 12 月 31 日前，两个公司留下来的股东在……此后，自愿留下的股东享有公司的股东权利，履行股东义务……这两个公司股东与公司之间的关系，不再与总公司有任何关联"

对该份书证的语义的正确解读，应当是"股东与公司之间再无关系"。这恰恰能够说明路桥房地产公司与路桥总公司并非产权分离自主经营，并非公司与公司之间不再有任何关联。仅仅是路桥总公司的员工退出房地产公司的股东序列，房地产公司的股东与公司之间的关系，路桥总公司不再干预。

六、《起诉书》中认定："此转让过程中……造成国有资产 1.3 亿余元被李来宾及石文军所控制"系认定事实错误

辩护人认为路桥房地产公司工商登记为私营有限责任公司，实质上其既不属于国有公司，也不是私营公司，而是混合所有性质的企业。

1. 国务院国有资产管理局曾于 1993 年 12 月 21 日出台《国有资产产权界定和产权纠纷处理暂行办法》，其中第 4 条"产权界定应遵循'谁投资、谁拥有产权'的原则进行。在界定过程中，既要维护国有资产所有者及经营使用者的合法权益，也不得侵犯其他财产所有者的合法权益"之规定，按照"谁投资、谁拥有产权"的产权界定原则。本案中路桥房地产公司含有 413 万元职工股份，并非国有资产，故不能将路桥房地产公司的资产认定为纯国有资产。

2. 国有公司的认定标准：必须是国有全资公司，否则不能认定为刑法意义上的国有公司。

最高人民法院在 2001 年 5 月 22 日颁布了《关于国有资本控股、参股的股份有限公司中从事管理工作的人员利用职务便利非法占有本公司财物如何定罪问题的批复》，该批复明确规定："在国有资本控股、参股的股份有限公司中从事管理工作的人员，除受国家机关、国有公司、企业、事业单位委派从事公务的以外，不属于国家工作人员，对其利用职务上的便利，将本单位财物非法占为己有，数额较大的，应当依照《刑法》第 271 条第 1 款之规定，以职务侵占罪定罪处罚。"据此可知，最高人民法院采纳的是国有全资说，即国有资本控股、参股的公司不是国有公司。

通过相关工商档案可以看出，路桥房地产公司的管理形式及出资股东的构成决定了其并非全资国有公司，故其资产并非纯国有资产。

3. 根据《公司法》第 3 条"公司是企业法人，有独立的法人财产，享有法人财产权。公司以其全部财产对公司的债务承担责任。有限责任公司的股东以其认缴的出资额为限对公司承担责任；股份有限公司的股东以其认购的股份为限对公司承担责任"之规定，公司财产独立于股东财产，公司具有独立的法人财产权。本案中路桥房地产公司的资产归公司所有，并非归某个股东所有，故不能因为路桥房地产公司的股东包含国有公司，就认定其资产全部为国有资产。

4. 根据《河北省人民政府国有资产监督管理委员会履行出资人职责企业领导人员选拔任用工作暂行办法》第 26 条的规定，选拔任用国有独资、控股公司的总经理、副总经理等，一般由企业提出任用意见，与省国资委沟通；企业党委会或党委扩大会研究后向省国资委层报；对大型企业总经理人员，须报请省政府同意；对拟选拔任职人员进行考察，征求有关方面意见；省国资委党委会审批；依法办理任职手续。

本案中，没有证据显示对石文军的聘任程序经过了任何一级国资委的批准或研究决定，这一事实亦可以佐证路桥房地产公司不属于国有公司，而至多是混合所有性质的企业。在房地产公司的企业性质未明确的前提下适用针对改制的司法解释来规制相对人的行为，并以此为基础指控石文军犯罪实在是牵强附会。

七、《起诉书》所指控的贪污数额完全错误

本案中公诉机关对二被告人贪污数额的指控实在匪夷所思，根据漏洞百出的评估报告确定公司估值并以此作为起诉的犯罪数额违背基本的法律逻辑。

如果一定要认定房地产公司代持的 600 万元系国有股份，则由于此600 万元既未进入国资登记目录，也未进行平账，就自然没有形成国有资产灭失的法律后果。

尤为重要的是，不论 2006 年设立房地产公司时第一笔 100 万元路桥总公司的资金进入还是 2007 年增资 500 万元，被告人石文军当时尚未到房地产公司工作，均未参与上述活动。2010 年的倒账，事前石文军并不知情，也不存在事后的认可，更不可能由于事后认可形成共犯，故所谓倒账行为也与石文军无关。

八、《起诉书》适用法律错误

最高人民法院、最高人民检察院《关于办理国家出资企业中职务犯罪案件具体应用法律若干问题的意见》第 1 条规定："关于国家出资企业工

作人员在改制过程中隐匿公司、企业财产归个人持股的改制后公司、企业所有的行为的处理：国家工作人员或者受国家机关、国有公司、企业、事业单位、人民团体委托管理、经营国有财产的人员利用职务上的便利，在国家出资企业改制过程中故意通过低估资产、隐瞒债权、虚设债务、虚构产权交易等方式隐匿公司、企业财产，转为本人持有股份的改制后公司、企业所有，应当依法追究刑事责任的，依照《刑法》第 382 条、第 383 条的规定，以贪污罪定罪处罚。"

本案中，首先，路桥房地产公司不属于国有公司，而是混合所有性质的企业，具体理由前有赘述，此处不再重复。

公司属于独立的法人，公司的财产所有权均和股东脱离，公司财产仅属于公司所有，股东对公司只是拥有一定的债权而已。所以，退一万步讲，即使石文军的行为侵犯了公共财产权益，此时公司中公共财产份额和私有财产份额已经混合在一起而难分彼此，很难说石文军控制的就一定是公共财产份额，更何况石文军亦没有占有、隐匿国有资产形成的股份。

其次，现有在案证据也无法证实石文军等人故意通过低估资产、隐瞒债权、虚设债务、虚构产权交易等方式隐匿公司、企业财产，并将该财产转为本人持有股份的改制后公司、企业所有。

最后，路桥房地产公司的原职工集资款清退并非最高人民法院、最高人民检察院《关于办理国家出资企业中职务犯罪案件具体应用法律若干问题的意见》中所称的"改制"过程。

综上所述，公诉机关据此认定石文军等人构成贪污罪，控制国有资产 1.3 亿余元的行为于法无据。

总结而言，辩护人认为，现依据有关证据反映出来的事实及相关法律规定，石文军不构成贪污罪。《起诉书》认定事实不清，严重与事实证据不符，石文军、李来宾二人事前没有共谋、没有将相关财产隐匿、亦没有控制国有资产、没有贪污。没有，也不可能非法占有国有资金 13028.403473 万元。如果牵强认定，实系重大事实错误，势必造成冤案、错案。

本案自 2015 年 5 月 13 日案发，历经检察院两次退回补充侦查、三次延长审查起诉期限，于 2016 年 4 月 5 日提起公诉。唐山中院三次组织开庭审理，多次报送最高院延长审限，最终于 2020 年 4 月 8 日向检察院发函建议补充侦查或依法作出处理。

唐山市人民检察院于 2020 年 4 月 14 日撤回起诉后，经检委会研究决定拟对石文军作存疑不起诉，后报请河北省人民检察院批准。河北省人民检察院批复同意对石文军作不起诉处理后，2020 年 6 月 9 日唐山市人民检察院最终作出不起诉决定书。

✍ 律师手记

无罪的信念从未改变

张琛

石文军是邢台路桥房地产开发有限公司原法定代表人、总经理，2015 年 6 月 10 日因涉嫌贪污罪被刑事拘留，被羁押后家属咨询过多位律师，后通过朋友介绍，最终辗转来到北京找到我们，委托张彦、张琛两位律师作为石文军的辩护人。没想到这一辩护就长达五年之久。在辩护过程中，我们遇到了很多艰难险阻，石文军被指控贪污上亿元，是有可能被判处无期徒刑甚至死刑的。两位律师从接受委托起，思想上重视该案，行动上互相配合，积极应对，迎难而上，最终辩护取得了成功，实属不易。

在最初会见的时候，我们就遇到了强大的阻力。原本石文军贪污这个案子，不属于限制会见的类型，但是当两位辩护人第一次到看守所会见的时候，就被告知这个案子是禁止会见的。其实我们在去会见前，也已经做了相应的预案，预料到了会出现这种情况，但是我们就只有一个想法，那就是无论如何也要会见上石文军。我们据理力争，找到看守所所长直接反映这个问题，到侦办机关去理论。最终，第一次的会见，辩护人是在侦查机关工作人员陪同的情况下进行的。即使这样，我们也认为能见到就是胜利，因为这样我们就能在第一时间了解更多案情，并提供辩护帮助，给予石文军希望，给他坚定的信心。

会见的过程至今让人印象深刻。我们见到石文军本人，就明确问他到底有没有拿了不该拿的钱，做了不该做的事。他的回答十分坚定：绝对没有，我是清白的！由此更加坚定了我们为石文军做无罪辩护的信心与决心。在往后的辩护中，无论遇到什么困难险阻，我们的信念从未改变，我们坚信石文军就是无罪。

在检察院审查起诉及法院审理阶段，辩护人查阅了全部案卷材料，进行了细致的分析梳理。检察机关的主要观点就是石文军等人能够控制公司了，自己能说了算了。在这个过程中，辩护人很敏锐，我们准确地找到了这样一个辩护的点，那就是到底石文军等人能不能够实际控制公司的人、财、物，尤其是能不能从管理这个方面控制。

记得家属刚找到我们时候，简要介绍了案情，虽然案件重大复杂，但是抽丝剥茧，化繁为简之后就可以发现，辩护人的判断是准确的。我们围绕石文军是否实际占用资金，是否能够实际控制公司这一主线，展开全面辩护。律师花费了大量的时间精力，多次实地调取证据。尤其是侦查机关调取的证据恰恰能够证明我方观点的，我们也把这些证据摘出来，作为辩方证据再次提交。其他没有调取的证据，辩护人再行调取，主要围绕石文军不能实际控制公司，房地产公司变更工商登记以后，总公司对房地产公司在经营管理上，在人、财、物上仍然行使管理权，提出了大量书证材料，为该案件的无罪判决奠定了重要基础。需要指出的是，我们向检法机关提交的证据材料均为客观真实的书证材料，是具有强有力的证明力的，是无法推翻、无法回避的。

至于《专项审计报告》《资产评估报告书》，我们详尽列表，反复进行质证，重复计算的、应当扣除的，我们都给指了出来。例如《专项审计报告》及《资产评估报告书》仅是对房地产开发有限公司本部的财务及资产情况进行的审计及评估，房地产开发有限公司还有其他 5 个相关投资公司，如果对房地产开发有限公司的整体财务及资产情况进行较为客观的审计及评估，就不能只考虑公司本部，而是还需要对相关投资公司进行整体考虑。

我们还多次约见检察官，当面提出辩护意见。在一审审理阶段，从召开庭前会议到数次开庭，辩护人在法庭上的辩护有理有据有节，尽全力给石文军进行无罪辩护。庭审结束后，我们又多次补充提交辩护意见，有针对性地提交新的辩护观点。最后一次庭审结束以后，长达三年多的时间里，一审法院没有作出判决。为了保护石文军的人身权益，辩护人又多次向人民法院申请取保候审，要求变更强制措施。五年中，石文军家庭出现重大变故：母亲多次病危，父亲患上老年痴呆，妻子罹患脑瘤。漫长的等待中，我们一直鼓励石文军及家属，坚定他们的信心。越是在困难的时候，大家越是要挺住，坚定正义不会缺席，相信法律是公正的！

最后一次庭审结束以后，在三年多的时间里，辩护人始终在催促承办人，询问案件进展。唐山中院的承办人称案件已经上过了审委会，但是由于指控贪污数额上亿，所以要报请最高人民法院内审。经过漫长的内审过程，最终检察机关与法院协商，检察机关撤回起诉，作出不起诉的决定。

在石文军释放那天，律师和家属到看守所门口去接他。那一刻的场景，我们一辈子也忘不掉。

评议

石文军被指控贪污人民币 1 亿多元，经过五年的审理，该案最终以检察机关撤诉告终，石文军总共被羁押 1826 天。从当事人的角度看，这是不幸中的万幸；从辩护律师的角度看，这是艰辛辩护后取得的巨大成功；但是从控方的角度重新审视案件，难免让人深思：是什么样的疏忽导致了如此重大的案件被贸然提起公诉，最后在辩护律师和法院的坚持下，才以撤诉来结案？

从具体情节看，本案涉及两个关键问题。

其一是公司控制权的问题。检察机关指控石文军与他人密谋隐瞒公司

127

投资收益,侵吞公司财产。但最终却发现,清退方案内容均由集体研究确定,并非二被告密谋决定,尤其是原定的代持情况并未发生变化。也就是说,被指控的所谓侵吞行为根本没有发生。据此可以看出,一方面,控辩审各方在审查证据时,要更加注重对涉案财产"占有状态"的审查,这本身也是侵占型犯罪关注的要点。另一方面,在国有企业产权分离过程中常伴随一些职务类违法违纪行为,企业管理人员在处理相关事务的时候,应当更加注意保护自己,避免陷入刑事风险。

其二是《专项审计报告》《资产评估报告书》的问题。该报告存在重复计算、应当扣除却未扣除、大量不实及虚增的情况。这又提醒律师要特别关注对鉴定意见的审查,尤其是不能盲信鉴定意见。从司法实践来看,鉴定意见本身就具有很强的主观色彩,相当一部分冤假错案中都存在不可靠的鉴定意见。可是司法机关又往往赋予鉴定意见非常高的证明地位,其实反映的还是对"主观文书"(鉴定意见、情况说明等)的过度依赖。

石文军案最终能够获得无罪的结果,离不开律师的专业能力和强烈的责任心。辩护律师介入该案后,及时发现了公司的股权情况以及《专项审计报告》《资产评估报告书》中的错误等问题。并且在该案庭审后三年的焦急等待中,辩护律师仍不放弃努力,积极地提交针对性的辩护意见,对案件始终保持对接状态,做当事人的坚强后盾。

羁押时间最久的被告人 蒙冤 27 年终获平反

王 飞 尚满庆

回顾

案发前，张玉环是一位木工，21 岁那年与同村的宋小女结婚，还生育了两个儿子。宋小女不会做农活和家务，张玉环便包揽一切，一家人生活得平淡又幸福。

1993 年，村里的一场意外打破了这一切。1993 年 10 月 24 日，江西省南昌市进贤县凰岭乡张家村，年仅 6 岁的张振荣和 4 岁的张振伟突然失踪，次日被发现死在附近的下马塘水库内。围观的村医发现，小孩嘴角上有勒痕，认为不是普通的意外事件，遂报警。经过侦查，警方认定两个小孩系他杀。几天后，时年 26 岁的同村人张玉环被警方锁定为嫌疑犯。

警方的凶案破案报告显示，10 月 24 日当晚，下了一些小雨，全村人都将平时放在晒场上的谷物收回了家，唯独张玉环没有，还反常地冒雨独自守谷。张玉环曾在笔录中提到，守谷是为了方便次日天晴后再行晾晒。

张玉环被抓后，宋小女一家遭受到村里人的排挤，宋小女不得不一人带着 4 岁和 3 岁的两个儿子离开村庄，投奔到哥哥们的家里。2001 年宋小女身患癌症，因生活所迫改嫁。但她从未放弃帮助张玉环申诉。

案件

江西省南昌市人民检察院于 1994 年 1 月 5 日以被告人张玉环犯故意杀人罪，向南昌市中级人民法院提起公诉。

起诉书指控：1993 年 10 月 24 日上午 11 时许，被告人张玉环见本村张振荣（男，6 岁）、张振伟（男，4 岁）两兄弟在自己屋前扒土，便打了张振荣两巴掌，并骂了他。张振荣被打后，反手将张玉环手背抓伤出血。随后张玉环将张振荣拖至其兄堆放杂物的房内，对张振荣进行殴打后用麻绳套住张振荣的颈部，将其勒死。此后，张玉环便走出房间，又见张振伟还在自己屋前玩，张玉环怕他杀死张振荣的事情暴露，又起了杀害张振伟灭口之意。于是他将张振伟拉至其兄的房间，用手卡住张振伟的颈部，将其卡死。当天晚上，张玉环趁无人之机，用麻袋装好两具尸体，将其抛入进贤县下马塘水库。

1993 年 11 月 3 日和 11 月 4 日，张玉环作出了全案仅有的两份有罪供述。南昌中院第一次开庭审理时，张玉环当庭翻供，辩称冤枉，称其他有罪供述系被逼打后招认。

1995 年 1 月，该案由南昌市中级人民法院一审判决，张玉环被判处死刑，缓期二年执行。

一审判决书对张玉环行凶动机的表述是：1993 年 10 月 24 日上午 11 时许，张玉环用板车从责任田拖禾草回家，进厨房喝水时，看见张家兄弟在他家屋檐下玩，并将台阶上的土往阶下扒。联想到张振荣以前打过他的儿子，还倒掉过他家的油盐，张玉环很生气，于是打了张振荣两巴掌。

因不服判决，张玉环上诉。1995 年 3 月 30 日，江西高院以事实不清、证据不足为由裁定撤销原判，发回重审。

此后，案件陷入了长达数年的停滞。时隔六年半，2001 年 11 月 7 日，南昌中院重审判决再次认定该案"基本事实清楚、基本证据充分"，"根据本案的具体情况"，再次以故意杀人罪判处张玉环死刑，缓期二年执行，剥夺政治权利终身。

张玉环仍然不服，再次提出上诉。2001 年 11 月 28 日，江西高院作出终审裁定：驳回上诉，维持原判。

入狱后，张玉环仍不认罪，每周手写一封申诉信，向各级司法部门讲述冤情，最终成功寄出的信件数以千计。高墙之外，张家人也持续申诉。多名律师介入申诉，免费提供法律援助。为收集足够的证据，律师一次次奔赴张家村，经过大量地走访取证，才将案件一点点还原。

王飞和尚满庆律师作为张玉环的再审代理律师，为其做无罪辩护。

辩护人经过仔细查阅全部案卷资料，实地走访案发现场，对案情有了十分全面的了解。辩护人一致认为：张玉环在侦查期间曾遭受严重的刑讯逼供，导致虚假的有罪供述，该供述依法应当予以排除。排除两份有罪供述后，全案无任何合法、有效证据证明张玉环作案。

具体辩护意见如下。

一、张玉环的有罪供述显然系非法证据，应当依法予以排除

本案认定张玉环故意杀人的证据，完全依赖于张玉环的口供，而张玉环的口供存在有罪供述和无罪辩解，并且仅有的两次有罪供述对于关键的案件事实部分相互矛盾，不合常理。这些口供不具有真实性，这是侦查机关对其进行严重刑讯逼供所导致的结果。

（一）张玉环身体受损严重，曾多次表示自己被侦查机关刑讯逼供

张玉环在原审及长期的申诉中，多次陈述其有罪供述系刑讯逼供所产生的虚假证据，并且提供了明确、具体的线索及证据。

1995 年 3 月 23 日，第一次二审期间，江西高院法官提审张玉环时，张玉环称侦查人员对其刑讯逼供，并当场向法官展示了左大腿根部的伤痕，

《提审笔录》对此进行了记录。当年张玉环的同监室人员曾亲耳听到张玉环说其被公安机关刑讯逼供，"几天几夜不让睡觉……"上述证据都可以证实张玉环在羁押期间曾遭到侦查人员的刑讯逼供。

（二）讯问地点不合法，为侦查人员实施刑讯逼供创造了条件

从讯问笔录来看，张玉环于1993年10月27日被收容审查，之后的笔录均未在看守所里形成，这其中就包含本案据以定罪量刑的两次有罪供述（11月3日在长山晏乡政府的讯问笔录，11月4日在云桥派出所的讯问笔录）。上述讯问地点违背了当年《公安部关于进一步控制使用收容审查手段的通知》第9条关于"公安机关应当在收容审查所执行收容审查、县级公安机关没有单独设立收容审查所的，可以在看守所划出监号作为单独的收审室"的规定，根据《关于办理刑事案件严格排除非法证据若干问题的规定》第9条，若侦查机关不能对此作出合理解释，就无法排除张玉环被刑讯逼供的重大合理怀疑。

（三）张玉环及辩护人提供的非法取证线索及证据，已完全达到办案机关对收集证据的合法性有疑问的基础证明标准，符合启动排除非法证据调查的法定条件，而检察机关未提供任何证据证明侦查机关收集证据的合法性，无法排除以非法方法收集证据的可能，因此张玉环的有罪供述应当作为非法证据予以排除，不得宣读、出示

辩护人认为，张玉环在侦查羁押期间作了多次自相矛盾的供述，身体也有多处伤痕，若侦查机关不能对张玉环身体受损情况作出合理解释，则可以确信张玉环曾遭受侦查机关严重的刑讯逼供，进而两次作出虚假的有罪供述。张玉环在本案侦查阶段所作的对自己不利的供述应当认定为非法证据，进而依据《刑事诉讼法》第56条之规定予以排除，不得作为本案的证据使用。

二、张玉环两次有罪供述前后不一、相互矛盾，不具有基本的真实性，更加印证了刑讯逼供导致屈打成招、不得已编造认罪供述的情形

通过对比张玉环的两次有罪供述，辩护人发现这两次有罪供述在作案地点、作案经过、作案工具等方面相互矛盾，真实性无法确认。

（一）关于作案地点

1993 年 11 月 3 日，张玉环第一次有罪供述称："我耙谷的时候，见张振荣、张振伟在村万事塘张建华园旁的田边玩，因看到张振荣很生气，就到张振荣和张振伟玩的田里去打张振荣，在田埂上把两个孩子杀死。"

而 1993 年 11 月 4 日的第二次有罪供述，与第一次有罪供述仅隔了一天，张玉环就改变说法，称是在自家的屋檐下发现两个孩子，并在其哥哥张民强的房间里将两个孩子杀死的。一个供述称杀人现场在田埂上，一个供述称杀人现场在家中，简直是天壤之别。

（二）关于作案经过

1993 年 11 月 3 日，张玉环第一次有罪供述称先是在张振荣头上打了两巴掌，手被抓后，"我就起火，用右手大拇指、食指和中指卡住振荣的喉咙，将他按在地上，稍按了一会儿，他便躺在田埂上不动了，也没出声。我把他放开，到万事塘水边上捡了节尺多点蛇皮袋做的绳子，我又用蛇皮袋做的绳子勒住振荣的口，使劲地按住他的头在地上。勒了一会儿，我又到附近（张海德家的）荒地里捡一根尺来长的稍带点皮的杉树棍子，用棍子打了振荣胸前一下，背部也打了两下。打完以后，我见振荣已没呼吸了，晓得他已经死了。这时张振伟走过来叫，'荣德，转去啊！'振伟叫了两句。我见振伟来叫了振荣，怕他回家说，就走上前把振伟也拖了过来，将他按在地上，用右手卡住他的颈，一会儿，振伟也被我卡死了。"从以上描述

可以看出，杀害张振荣的顺序是先用绳子勒，后用木棍打。而根据 1993 年 11 月 4 日张玉环描述的作案经过，"我先用木棍在振荣胸部打了两下，又在他背上打了两下，然后再用绳子缠绕振荣的颈、口，绳子是绕成一圈，顺着振荣的两口角往后颈窝勒的。我在振荣的后颈窝用手握住两绳勒，绳子未打结，大约勒了六七分钟，振荣就死掉了。"可见，此次供述中杀害张振荣的顺序变成了先用木棍打，后用绳子勒。两次供述中作案的经过也前后不一，作案顺序完全相反。

（三）关于作案工具

第一次有罪供述称作案工具是在万事塘水边捡到的一根蛇皮袋做的绳子，第二次有罪供述称作案工具是自家所用的一根用来封麻袋口的绳子纺成的麻绳。

（四）关于藏尸地点

第一次有罪供述称把尸体藏在张建华园梗上的疤茅里，而第二次供述称把尸体藏在哥哥张民强的房间里，这完全是风马牛不相及的两个地方。

（五）关于抛尸过程

第一次有罪供述称在案发当晚，张玉环直接将两具尸体从张建华园梗上的疤茅里抛至下马塘水库；而第二次有罪供述称案发当晚张玉环先将尸体从家里转移至晒谷场，然后再抛尸至下马塘水库。两次供述内容中的抛尸过程不一致。

（六）关于装尸体的麻袋

第一次有罪供述称："我说不出它有什么特征，随手拿一只，也不会注意，反正那麻袋是旧的，破得有洞，但具体补没补，有几个破洞，我都不晓得，该麻袋以前装过垃圾。"而第二次供述称："我记得那天晚上我摸到这只麻袋时摸到一处很厚，好像是用麻袋补了洞的。" 前边说麻袋补没补不知道，而后边马上又肯定地说麻袋是补了洞的。显然这样的说法改变是为了人为制造口供以与现场的物证相"吻合"。

综上来看，前后两次有罪供述，仅隔一天，却几乎是两个完全不同的故事，真实性令人生疑，加之张玉环对公安机关刑讯逼供的指控，这就更难以让人相信这两次有罪供述的真实性。

三、张玉环的供述极不稳定，不具备真实性，而其他证据均不能认定张玉环杀人

（一）张玉环的供述极不稳定，依法不得采信

案卷材料显示，张玉环在侦查阶段共有6次笔录，其中前3次笔录中（分别制作于1993年10月25日、10月27日、10月27日）他均不承认杀人事实，并详细向警方描述了案发当天其本人的行动轨迹，称其在案发当晚还与村里人一起参与寻找失踪的小孩。

然而，警方在没有任何确切证据的情况下，仅凭主观猜测就于10月27日将张玉环收容审查，张玉环自此失去人身自由。

1993年11月3日、11月4日，张玉环在严重刑讯逼供的压迫之下，尤其是看到其妻子也在深夜被带至公安机关后，才不得不违心承认杀人，被迫编造杀人事实。因此才有了本案仅有的两份有罪供述，分别为1993年11月3日、11月4日作出，均形成于张玉环失去人身自由7天之后。而且这两次笔录均不是在看守所形成的：第一次在长山晏乡政府，第二次在进贤县公安局云桥派出所。此后，张玉环便彻底翻供，称"我没有卡死两个小孩，以前承认杀人是刑警队打我，逼我讲的"。直到审查起诉阶段、审判阶段，张玉环也一直坚持喊冤，否认自己杀害两名儿童，称自己是被屈打成招的。

因此，从上述笔录情况可以看出，张玉环经历了从一开始不认罪，到承认犯罪，随后又翻供，坚持不承认犯罪这样一个过程。其有罪供述呈现出时供时翻的特点，极不稳定。

根据《最高人民法院关于适用〈中华人民共和国刑事诉讼法〉若干问题的解释》（以下简称《刑诉法司法解释》）第 83 条之规定："被告人庭前供述和辩解存在反复，庭审中不供认，且无其他证据与庭前供述印证的，不得采信其庭前供述。"本案中张玉环庭前供述和辩解存在多次反复，庭审中拒绝认罪，没有其他直接证据证明张玉环杀人，因此对其庭前的有罪供述不得采信。

（二）两次有罪供述相互矛盾，不合常理，没有其他证据能够证实张玉环杀人

1. 辩护人在论证张玉环口供稳定性时，已经详细阐述了他两次有罪供述在作案地点、作案经过、作案工具等方面的矛盾之处，此不再赘述。

2. 有罪供述极不符合常理。

首先，关于杀人动机，张玉环供称是因为张振伟调皮，扒屋檐的土，曾倒掉过自家的油盐，因此就杀掉了两个孩子。这对一个既是近邻，又同样是两个年幼孩子的父亲的成年人张玉环来说，仅仅因为幼童的调皮捣蛋就起了杀心，完全不符合常理，让人难以相信。

其次，关于杀人和藏尸地点，张玉环有两次完全不同的供述，原裁判最终认定了张玉环在其家中作案，并将尸体藏在哥哥张民强的房间里。然而，根据现场勘查笔录及照片，我们能够看到张玉环的家在一个开阔地带，门前就是一条马路，房屋也没有围墙，张民强的房间有两个窗户，其中一侧的窗户就靠近马路，且张玉环家也不是独门独户，周围都是乡邻，在这种环境下杀人很难不被人发现，而且还是中午 11 点多钟，在这个时间杀人藏尸也非常不合常理。

最后，关于抛尸时间，张玉环供称是案发当晚抛尸的，然而根据公安

机关对多名村民的询问，当晚几乎全村人都在到处寻找两名失踪的小孩，包括张玉环也参与了寻找、打捞，选在这样的时间转移并抛弃尸体无异于自投罗网，这一点供述也极不合常理。

3. 主要证据之间存在重大矛盾。

张玉环两次有罪供述均称用手卡了被害人张振荣的脖子（颈），时间长达数分钟，然而尸体检验鉴定书却显示张振荣颈前皮下及肌肉未见出血，说明有罪供述与尸体检验鉴定情况不符，主要证据之间存在矛盾。

4. 本案除两次有罪供述外无其他证据指向张玉环作案。

收集在案的现场勘查笔录、法医鉴定结论等证据不能证明张玉环实施了犯罪行为。勘查笔录、法医鉴定结论仅能够证明被害人被害，但不能证明是何人所为。张玉环手背上的伤只是"手抓可形成"，并不能排除其他致伤可能性，比如干农活时擦伤、碰伤等。另外，在司法机关认定的所谓杀人现场即张玉环的家里，并未找到任何与两被害人相关联的物证、生物痕迹，如血迹、脚印、指纹、分泌物等。

在案证人证言只是证明了案发时的相关情况，案发前后张玉环的活动情况、行为表现等，这些均不能证实张玉环实施了故意杀人的犯罪行为。

5. 在案物证均无法与被害人或犯罪事实相关联。

（1）本案中没有任何指纹、汗液、血迹、皮肤组织等证据。警方从张玉环家提取的麻绳就是本案作案工具，该麻袋绳无法与被害人产生任何关联。如果是作案工具，必然会遗留被害人的皮肤组织。

（2）打捞上来尸体后第二天在水塘中找到的麻袋，也不能证明就是用于装运尸体的，也没有证据证明这个麻袋就是张玉环家的。

（3）张玉环案发当天所穿工作服上的黄麻纤维来源不清，案卷中仅有提取衣服的笔录，没有提取到黄麻纤维的笔录，不能证明提取的衣服上是否确有该黄麻纤维。退一步讲，即便张玉环衣服上确有黄麻纤维，也不能证明张玉环实施了犯罪行为。因为江西省公安厅刑事科学技术研究所的化验鉴定书也只是说衣服上的纤维与现场提取麻袋都是黄麻纤维，而并没说衣服上所沾的纤维就是来自于抛尸现场提取到的麻袋，该鉴定仅仅是同种类鉴定，而非同一性鉴定。在那个年代，几乎所有的麻袋都有黄麻纤维成分，如何认定张玉环衣服上的纤维与现场提取的麻袋属于同一个个体？再退一步讲，即便认定属于同一个个体，时隔一天打捞上的麻袋又如何证明跟本案有关？难道当地农民不会将不用的麻袋丢弃在水塘里吗？

6. 本案不排除另有真凶，侦查机关未穷尽侦查措施。

（1）同村 6 岁小女孩杨毛女的口述材料证实，其在 1993 年 10 月 24 日案发当时上午，看到被害人张振荣、张振伟往下马塘水库方向走去。最关键的是，当日 12 点多钟，张振荣还向杨毛女要东西吃，说明被害人在案发当日 12 多钟还活着，并且活动方向是朝后来发现尸体的水库方向，那么原裁判认定张玉环在 11 时许将两被害人在自己家里杀害显然错误。

（2）同村少年张志祥、张哲华的证言证实，在 1993 年 10 月 24 日上午 11 点多钟，他们看到两被害人张振荣、张振伟在村后背的依山摘马甲子吃。张振鹏也看到当天上午两被害人往村后背跑去了。8 岁的张纪成也证实在 10 月 24 日上午 11:30 分左右还看到两被害人在依山摘马甲子吃。

（3）多名村民证实案发当天村里来了一个陌生的"换荒人"，他后来就向下马塘水库方向走去了，与两被害人所处的方位一致。

上述案卷中的证据材料显示，两被害人死亡的时间很有可能是 12 点以后，死亡的地点可能在依山或下马塘水库附近，当天来村子里的陌生"换荒人"有一定嫌疑。遗憾的是，警方却并未穷尽侦查手段，扩大侦查范围，导致其他人作案的嫌疑无法排除。

辩护人认为本案中除张玉环的两次有罪供述之外，并没有任何直接证据证明张玉环杀人的事实，相反，上述证人证言可以证实，杀害张振荣、张振伟的嫌疑人不是张玉环。此外，张玉环两次有罪供述在作案地点、经过、手段等细节上自相矛盾，与其他证人证言相互冲突且不合常理，其有罪供述不能作为认定其构成犯罪的依据。

四、本案的程序违法问题

（一）原侦查机关对张玉环采取收容审查的措施不合法，导致刑讯逼供的重大嫌疑无法排除

收容审查是公安机关用来对付流窜犯罪分子和流窜作案嫌疑分子的重要手段。1985 年《公安部关于严格控制使用收容审查手段的通知》、1991 年《公安部关于进一步控制使用收容审查手段的通知》反复强调收容审查的对象应严格控制在有流窜作案嫌疑，或有犯罪行为又不讲真实姓名、住址，来历不明的人这一范围之内。对那些在本地作案、身份清楚、查有实据的犯罪分子，不应采用收容审查。本案被告人张玉环不符合上述收容审查的要求，因此，进贤县公安局于 1993 年 10 月 27 日对张玉环进行收容审查的决定不合法。

（二）原审侵犯张玉环的诉讼权利，严重影响公正审判

在重审开庭时，指定辩护人出示杨毛女证言等辩方证据，法庭不理不睬，不组织质证。判决时既不采纳，也不说明不采纳的理由，对辩方证据只字不提，严重违反诉讼程序。原终审裁判时，江西高院对于可能判处死刑的案件并未指定律师为张玉环辩护，1996 年《刑事诉讼法》第 341 条第 3 款明确规定，被告人可能被判处死刑而没有委托辩护人的，人民法院应当指定承担法律援助义务的律师为其提供辩护。然而，江西法院却在张玉环没有辩护律师的情况下，并且在未开庭的情况下就草率地维持了原判，严重侵犯了张玉环的诉讼权利，构成重大程序违法。

（三）审判程序延宕 8 年，严重超出法定审理期限

1993 年 10 月 27 日张玉环失去人身自由，直到 2001 年 11 月 28 日法院才作出终审裁判，严重超出了法定审理期限，令人震惊！而且，超审限导致的结果是张玉环被判处死缓后，先行羁押的期限无法进行折抵，

这也是张玉环失去自由近 27 年仍在监狱服刑的原因所在。对此，司法机关应当反思。

综上所述，本案没有能够证明张玉环作案杀人的客观证据，张玉环的两份有罪供述系办案人员以刑讯逼供等非法手段获取，且内容自相矛盾，不能作为定案的根据。全案除张玉环有罪供述之外没有其他证据能够证明张玉环作案，张玉环被指控犯故意杀人罪不能成立，根据《刑事诉讼法》第 200 条、《刑诉法司法解释》第 389 条之规定，张玉环无罪。

当年司法人员的"疑罪从轻"和"举棋不定"，毁了一个守法公民的一生，同时也毁了一个家庭，失去的 27 年永远不可能再回来，失去的亲情也无法得以弥补。司法不是儿戏，作为 27 年冤案的受害者，张玉环的遭遇值得我们所有人同情，更值得所有人反思。

今天我们在为张玉环辩护，实质上我们是在为所有人辩护，我们希望通过张玉环的亲身遭遇来警醒所有人，尤其是司法从业人员，唯有敬畏法律，信奉公平正义，法治才能得到良性发展。相反，法律如果得不到遵守，那么冤案可能降临在每一个人的头上。

二十余年已经过去，我国的法治环境已经极大改善，辩护人相信江西省高院能够正视问题，纠正原审错误，尊重事实和法律，依法判处被告人张玉环无罪，还他清白，给历史一个交代。

庭审中，江西省人民检察院认为，原审认定张玉环构成故意杀人罪的事实不清、证据不足，建议法院依法改判张玉环无罪。

主要理由如下。

1. 原审认定的物证证明力不足，本案没有证实张玉环实施杀人行为的客观证据。一是不能证实抛尸现场提取的麻袋系抛尸工具。根据张玉环口供，原审认定侦查机关从现场打捞的麻袋是抛尸工具，该麻袋上有两块用麻袋料缝补的补丁，而张玉环妻子宋小女证称自家破了的麻袋是用布缝的补丁，不是用麻袋料缝的，因此认定该麻袋是抛尸工具依据不足。二是从张玉环家中提取的麻绳，被认定为作案工具的证据只有张玉环第二次有罪供述，无其他证据印证。张玉环工作服上提取的麻袋纤维，经鉴定与抛尸现场提取的麻袋都是黄麻纤维，因黄麻纤维是种类物，不具有排他性，据此认定系张玉环作案的依据不足。

2. 张玉环仅有的两次有罪供述真实性存疑。张玉环1993年11月3日、11月4日的两份有罪供述，在作案地点、方式、工具及作案工具的处理、藏尸地点、抛尸方式等方面均前后不一，其真实性存疑。

3. 原审认为张玉环的供述与尸检鉴定相吻合，系先供后证，与事实不符。张玉环两次有罪供述时间为1993年11月3日和11月4日，南昌市公安局法医学鉴定书落款时间为1993年11月10日，似乎是先供后证。但事实是法医在尸检过程中前后进行了三次检验，第一次是10月25日下午接到报警后法医即赶赴现场检验。据尸检鉴定记载，10月26日、10月31日法医在进贤县火葬场又先后两次对尸体进行了检查，时间均在张玉环作出有罪供述之前。侦查机关的破案报告也充分说明在张玉环作出有罪供述前就已掌握了尸检鉴定的内容。因此张玉环的有罪供述并非先供后证，而是先证后供。

法院再审查明，1994年10月24日，张振荣（殁年6岁）、张振伟（殁年4岁）失踪。10月25日，张振荣、张振伟的尸体在村附近的下马塘水库中被发现。南昌市公安局法医学鉴定书显示，张振荣、张振伟均为死后被抛尸入水，张振荣系绳套勒致下额压迫颈前窒息死亡，张振伟系扼压颈部窒息死亡。

上述事实，有许耀华、张小平、张鹏飞、张运海等证人证言，以及南昌市公安局法医学鉴定书，进贤县公安局现场勘查笔录、所拍刑事照片等证据证实，本院予以确认。但是，原审认定张玉环杀死张振荣、张振伟的事实不清，证据不足，法院不予确认。

具体评判如下。

1. 在案物证与本案或张玉环缺乏关联。

一是抛尸现场附近提取的麻袋与本案或张玉环缺乏关联。没有证据显示抛尸现场附近提取的麻袋上有两被害人的生物样本或衣物纤维。公安机关的化验鉴定书，只能证明麻袋上的纤维与张玉环衣服上的纤维同属黄麻纤维，并不能证明张玉环衣服上的黄麻纤维来源于该麻袋。现场勘查笔录及刑事照片显示，该麻袋上的破洞是用麻袋料补的，而公安机关对张玉环妻子宋小女所作的询问笔录显示，宋小女称其家里的麻袋破洞是她用布补的，没有用别的补。抛尸现场附近提取的麻袋与宋小女的证言不能相互印证。

综上，除张玉环有罪供述外，没有证据证明抛尸现场附近提取的麻袋是用来装两被害人尸体的麻袋，也没有证据证明该麻袋是张玉环家的或被张玉环使用过。

二是在张玉环家中提取的麻绳与本案缺乏关联。张玉环供述用麻绳勒被害人张振荣的嘴角，但公安机关从张玉环家中提取的麻绳，没有与被害人张振荣嘴角部索沟作比对认定，也没有证据证明麻绳上有被害人张振荣的唾液、血液、皮屑等生物样本，且张玉环供述的麻绳长2米，而从张玉环家中提取的麻绳长约5米，两者明显不一致。除张玉环有罪供述外，没有证据证明该麻绳与本案存在关联。

2. 原审认定被害人张振荣将张玉环手背抓伤出血，缺乏证据证明。本案没有证据证明张振荣的手指甲中存有张玉环的血液、皮肉等生物样本。进贤县公安局所作人体损伤检验证明显示，张玉环手背伤痕手抓可形成，损伤时间约有3～4天。该检验证明不具有排他性。除张玉环有罪供述外，没有证据证明张玉环两手手背上的伤痕系张振荣手抓所致。

3. 原审认定的第一作案现场缺乏痕迹物证证明。原审认定张玉环先后将两被害人拖至、提进其哥哥堆放杂物的房内勒死、掐死，随后将两具尸体在房间内藏好。然而，进贤县公安局对张玉环供述的杀人现场所作的现场勘查笔录显示，在该现场没有发现、提取到任何与本案相关的痕迹物证。除张玉环有罪供述外，没有证据证明张玉环哥哥的房间是第一作案现场。

4. 张玉环的有罪供述真实性存疑，不能作为定案的根据。

一是张玉环的供述缺乏稳定性，存在从不供到供再翻供的变化。

　　二是张玉环两次有罪供述在杀人地点、作案工具、作案过程等方面存在明显矛盾。对于杀人地点，第一次有罪供述是在"村万事塘张建华园旁的田边"，第二次有罪供述是在"我哥哥明强的房间里"。对于勒张振荣所用的绳子，第一次有罪供述是"到万事塘水边上捡了节尺多点的蛇皮袋作的绳子"。第二次有罪供述是"到我屋檐下拿了一根用封麻袋的绳子纺成大人指头粗的麻绳"。对于杀害张振荣的具体情节，第一次有罪供述是先用绳子勒，后捡棍子打，第二次有罪供述是先打后勒。此外，两次有罪供述在藏尸地点、抛尸过程等方面亦存在矛盾。

　　三是张玉环的有罪供述虽能与现场勘查笔录、法医学鉴定书等证据相互印证，但系先证后供。现场勘查笔录及相关证人证言显示，被害人尸体和麻袋分别于1993年10月25日、10月26日被村民发现并打捞，打捞尸体时有不少村民围观，张玉环亦辩称在公安机关检验尸体时到现场围观。公安机关对村附近林场的医生张幼玲所作询问笔录显示，1993年10月25日，村民挖好坑，准备将张振荣、张振伟尸体下葬时，张幼玲到达现场，发现张振荣两嘴角有明显勒痕且牙龈瘀血，胸部及左肋下青紫色；张振伟是被人用手卡死的，而且颈部右侧有明显表皮损伤，张幼玲当时就说是用右手卡死的，并叫张鹏飞到公安局报案。

　　张幼玲的上述证言与张运海、被害人张振伟母亲等证人证言相互印证。南昌市公安局法医学鉴定书注明"接报后即赶赴现场，于10月26日、10月31日在进贤县火葬场对尸体进行了检查"。

　　综上所述，虽然南昌市公安局法医学鉴定书的落款时间是1993年11月10日，但是在张玉环于1993年11月3日作出有罪供述之前，公安机关对被害人尸体已经进行了至少两次检查，且村民通过张幼玲的描述对被害人身上的主要伤痕及死因有所了解，张玉环的有罪供述应认定为先证后供，不能排除张玉环供述前已经了解案件相关情况的可能。

　　法院认为，原审被告人张玉环的有罪供述真实性存疑，依法不能作为定案的根据。除张玉环有罪供述外，没有直接证据证明张玉环实施了犯罪行为，间接证据亦不能形成完整链条。

原审据以定案的证据没有达到确实、充分的法定证明标准，认定张玉环犯故意杀人罪的事实不清、证据不足，按照疑罪从无的原则，不能认定张玉环有罪。

对张玉环及其辩护人、江西省人民检察院提出的应当改判张玉环无罪的意见，法院予以采纳。

依照《刑事诉讼法》第256条第1款、第236条第1款第（3）项及《刑诉法司法解释》第389条第2款之规定，经法院审判委员会讨论决定，判决如下：

1. 撤销江西省高级人民法院（2001）赣刑一终字第375号刑事裁定和南昌市中级人民法院（2001）洪刑一初字第125号刑事判决。

2. 原审被告人张玉环无罪。

2021年3月，张玉环案同时写入"两高"工作报告。2020年10月30日，江西高院依法决定向张玉环支付赔偿金4960521.5元。

自1993年10月27日失去自由起，张玉环被羁押了9778天，长达27年，是截至目前公开报道中被羁押时间最长的蒙冤者。出狱后，张玉环在适应社会方面格外吃力，他的吃穿住行几乎都离不开家人。据媒体报道，张玉环很想回去，回到村子里。他对未来的计划并不多，只想要一栋房子，拿回家里的地，晚年只想平平淡淡地耕地劳作，陪在母亲身边尽孝。

律师手记

从一个善良的人的角度，说一些常理常情

王 飞

曾经在江西电视台工作，现在在梨视频工作的记者曹映兰找到了我。她跟我说，她有一个采访对象，叫张幼玲，是个医生。张幼玲一直有个心病，

想找我帮帮他。

　　事情的原委是这样的：1993年，张幼玲所在的村子里有两个小孩掉进水塘里淹死了。大家一开始都以为是溺亡，准备把小孩埋了。但是他去现场看了以后，觉得有点不对劲。当时他看到一个孩子的嘴角有绳子的勒痕，另外一个小孩脖子上好像有掐痕。而且发现尸体的水塘离村子很远，小孩一般不会去那个地方下河游泳，所以张幼玲觉得这里边恐怕有蹊跷。

　　于是张幼玲就跟孩子家长说，先不要埋，孩子有可能是他杀，赶快报警。后来张玉环被带走了，张幼玲觉得这个事情恐怕就是张玉环干的，没觉得案子有什么问题。

　　但是后来张幼玲的一个同事因为一些事也进了看守所，恰巧跟张玉环关在一个监室里。同事出来以后问张幼玲，张家村有一个叫张玉环的，你认不认识？张幼玲说认识啊。张幼玲跟张玉环还有些血缘关系，张玉环是他同族的弟弟。同事说，张玉环这个人在监狱里面老是喊冤叫屈的，甚至还要自杀。他总是说自己没有杀人，是被屈打成招的，是冤枉的。

　　听同事这么说完，张幼玲感觉很疑惑。他知道这些事情的时候是2012年，那时张玉环已经被关进去了很多年了。他很奇怪为什么过去了这么久，张玉环还在里面喊冤。

　　张幼玲当时心里就想，当年这个案子因为自己的原因成了一个凶杀案，他现在就想把事情弄清楚，要弄明白到底是不是张玉环干的。于是张幼玲去找了记者曹映兰。

　　曹映兰把材料发给我以后，我觉得很惊讶，这个案件定罪的证据太简单了，几乎只有张玉环的口供，其他任何的直接证据都没有，而他们仅仅依靠这些，就把张玉环关了二十多年。

　　即便抛开口供的合法性问题，比如刑讯逼供等，单纯看它的真实性，我也觉得这个口供所呈现出来的犯罪行为经不起推敲。

　　首先，口供里说的杀人的时间是在中午11点。张玉环的家位于村里主干道的旁边。在这样一个暴露的位置，大中午的时间杀人，我觉得不太可信。

其次，是杀人动机。口供里的杀人动机简单到不可思议，张玉环说，当时自己做活回来后，发现两个小孩在他家屋檐下扒台阶上的土，觉得他们调皮，就打了小孩。小孩反手抓他，他当时很生气，同时联想到他们以前倒过他家里的油盐，所以就顿生杀机，把小孩子杀了。

张玉环自己有两个小孩，比这两个死去的孩子还要小。小孩子调皮是太常见的小事，因为这个原因杀人，不像是一个成年人会做的事情。

所以我当时觉得这个案子有很大冤错的可能。

2017年3月份的时候，我们去了一趟南昌监狱。任何一个案件，我们都必须要见到当事人，内心确定他们十有八九是被冤枉的，才会决定帮他们申诉。

第一次见张玉环时，他特别激动，说话几乎语无伦次。

他说，二十多年了，没有人来过问我的案子，今天终于有律师来找我了。

我当时用一种不太相信他的姿态试探他，我问他，这事恐怕是你干的吧？你到底有没有杀人？

他反应很激烈，他说，我绝对没有杀人！两个小孩跟我没有关系！

我说，你敢不敢给我发个毒誓？

他毫不犹豫地发誓。

我说，既然不是你干的，你为什么认了？

他说，我真的受不了，我当时是被刑讯逼供的。

于是他给我讲自己经历了6天6夜的审讯，被电击，蹲马步，戴飞机铐，等等。

每一个冤假错案，我都会听到刑讯逼供的故事，但是这起案件中的有些手段，我真的是第一次听到。审讯人员的想象力真的是很丰富。

当时办案人员还威胁张玉环说，如果还不承认杀人，我们会把你老婆也带来，让她也经历这样的审讯。

张玉环说当时孩子都还很小，如果老婆也被抓了，那两个小孩就完了，整个家庭就完了。所以他在那个情况下就实在没有办法，只能认了。

张玉环跟我讲完这些以后，我觉得这个人九成以上是被冤枉的。看他的表情，我觉得这个人不狡猾，应该是个本分，甚至有点木讷的男人。我觉得我应该相信他。

见完面以后，我去进贤县张家村待了有一个多星期。这是我的一个习惯：我喜欢去当事人生活的地方了解他是个什么样的人，通过他的为人处事，可以更好地还原当年的情况。让我完成内心对于他的一种确信。

当时我们见到了村长。村长跟我讲，张玉环被带走的那一天，公安先找到了他，让他去叫张玉环，说请他去吃饭。村长知道公安找过来肯定没好事，张玉环那天可能要被带走了。

吃饭的时候他就观察张玉环，看张玉环吃了两大碗，吃得很香。村长当时心想，这个人心理素质也太好了，干了这么大一件事，还能吃得这么香，而且还是在公安面前。

村长还给我透露，两个小孩失踪的晚上，张玉环也参与寻找两个小孩了。

后来我也了解到，小孩在做尸检时，张玉环也过去围观，回来还跟他的前妻宋小女说这两个小孩是怎么死的。当时宋小女听得害怕，让他别说了。

张玉环被抓之后，宋小女一直顶着"杀童者的妻子"这个名声在为张玉环奔走，并同时艰难地抚养着两个孩子。1996年，因为生活所迫，宋小女改嫁给了现任的丈夫。但是在婚前，她向现任丈夫提出了两个条件：

1. 要无条件地对自己的两个儿子好。

2. 他不得干预自己去探望张玉环。

我们第一次去进贤县时，宋小女也在。当时我给她拍了些视频，做了点调查。宋小女跟我讲，张玉环是一个好老实的人，她不相信他会杀两个小孩。而且他们家的小孩子也那么小，他怎么可能下得去手？

宋小女有一年得了子宫癌（后查实为子宫肌瘤发展为宫颈癌），当时手术不是很成功，身体状态很差，她已经有了轻生的念头。宋小女现任的丈夫说，你去看一看张玉环吧。

宋小女在监狱里问：张玉环，我已经快要死了，我就是想再问你一下，两个小孩的死跟你到底有没有关系？

张玉环哭着跟她讲，小女啊，你要相信我，我真的没有杀害那两个小孩，我是无辜的。

因为命运的捉弄，他们被迫离婚，宋小女改嫁，二人最后分开。但即使成为了前妻，宋小女也没有放弃张玉环，她真的是一个有情有义的女人。

另外我们也了解了一下，两个小孩家跟张玉环家之间有没有什么大的矛盾。

但村民们觉得，除了张玉环的母亲性格比较泼辣，谁家的牲口吃了她家的东西，她会骂人之外，他们家人和这两个小孩子似乎没有什么大的矛盾。而且那个年纪较小的小孩跟他们家很要好，两家小孩经常在一起玩。此外，两家距离不到50米，中间就隔着一条马路。

做了一些调查后，我还见了张玉环当年在看守所同监室的狱友。

他跟我讲张玉环在里面天天喊冤，老是绝食。狱友给他起了个外号叫做花生米，意思是说张玉环是要被枪毙的，因为子弹和花生米长得很像。他因为这个外号还老是跟人打架，不愿意别人这么叫他，他说自己没杀人，凭什么要被枪毙？

因为刑事申诉案件中近亲属都可以作为申诉人，所以张玉环这个案子中，张玉环的母亲、哥哥、妹妹全都作为申诉人，总共委托了8位律师共同发力。其中，我和尚满庆律师是由张玉环直接委托的。

我们主要的工作还是在启动申诉以后跟办案机关不断地沟通，跟他们说这个案件是一个毫无悬念的错案，而且张玉环已经被关了这么多年，希望司法机关能够尽快地把这个案子解决。

这个过程从2017年开始一直持续到2018年6月份，直到有一天，法院打电话说这个案子立案复查了。我当时很高兴，因为通常司法机关认为案子确实有问题，才可能立案复查。

这之后，我们主要开始针对案卷材料分析。在案卷里，我们看到了一个能直接否定作案时间的证据。

判决里面认定的作案时间是中午11点多，但是案卷里边有一个小女孩的证言，她说当天中午12点多，她看到那两个小孩往下马塘水库的方向走去，也就是第二天发现尸体的地方。

那判决怎么能认定他们11点时就被杀了呢？实际上在第二次一审时，律师也提供了这个证据，但在法院的最终判决里完全忽略掉了这个证据，没有给予任何的评价。

那个年代，人们头脑里可能都是满满的有罪推定论，只要一个人到了法庭，他就怎么看怎么像罪犯。他所有的辩解都被认为是狡辩，是在推卸责任。在这种观念之下，人会丧失一些理性，不太关注对被告有利的事实和证据。

罗金寿律师、冷克林律师、张维玉律师、张进华律师、燕薪律师、程广鑫律师相继加入申诉律师团。当时我们8位律师独立阅卷，独立发表意见，互相不沟通，我们就想知道我们能不能达成一致的意见。最后，我们所有人都认为，这是一个明显无罪的案件。

2017年8月21日，我与罗金寿律师一同去南昌监狱第二次会见张玉环。2017年8月22日，律师向江西高院提交申诉材料及阅卷要求书。2018年6月10日，江西高院立案庭告知张玉环大哥张民强，张玉环案立案复查，并通知律师阅卷。

2019年3月份，江西高院打来电话说我们法院已经正式地作出决定，对这个案子进行再审。按照我以前的一些经验，一个案子被原审法院决定再审，那通常就意味着这个案子要改了。

2020年7月9日开庭，检察院和我们律师的观点是相同的，都是建议改判无罪。

当然这也在我的意料之中，既然案子启动再审，就意味着大家在是否有罪的问题上基本上达成了共识。

三个多小时的庭审，我最少说了两个多小时，当时情绪也比较激动。我当时在法庭上说，在没有任何实质性证据的情况下把一个公民抓了，关起来，然后用刑讯逼供，逼迫别人说假话，这确实是不可思议。即使检察机关建议改判无罪，我也不会感觉到喜悦。我感觉痛心，痛心你们为什么用了二十几年才建议改判无罪？你们当年在做什么？当年我们的司法底线到底有没有人坚守？

我的辩护比较喜欢有感而发。我觉得辩护其实并不需要多么高深的东西，我们只是在为有血有肉的人，他的人生，他的遭遇，他不幸的家庭诉说，我们只需要从一个善良的人的角度，说一些常情常理就足够了。

将近一个月之后，8月4日，法院宣判结果——无罪。

我原本认为我会很平静，毕竟这是我意料之中的结果。但当那两个字被宣布时，我心里面还是有一些波澜。三年多的时间，我的使命终于完成了，张玉环得到了他应得的自由。

评议

在这样一起重大的刑事案件中，南昌市中级人民法院的定罪依据竟是"该案基本事实清楚、基本证据充分"。两个"基本"非常具有时代特征，早年甚至有不少漫画讽刺一些部门在公开文件中喜欢使用"基本"一词，比如问题得到基本解决、情况基本查清，实际上这就是一种留有余地的说法。却不想，"基本"一词在刑事司法中也被长时间正式地使用过。

根据最高人民法院胡云腾大法官2018年10月10日发表在《人民法院报》上的文章《改革开放四十年刑事审判理念变迁》的溯源，1982年至1996年的刑事审判可以概括为"从重从快"。在证据认定方面，主张抓大放小，不纠缠细节，刑事案件的证据只要符合"两个基本"（基本事实清楚和基本证据充分）的即可定罪量刑。这些做法一方面节约了司法成本，提高了司法效率；另一方面也在一些案件中出现了有效辩护很难落实的现象，疑罪从有或疑罪从挂比较常见等后果。如前几年纠正的内蒙古呼格吉勒图案、河北聂树斌案、安徽于英生案等重大冤假错案，都发生在这一时期。

如今这些冤案的平反，更加彰显出数代法律人的卓绝努力，彰显出当下的法治建设成果的可贵。

但是，权利的保障不仅是一个结果，也是一个持续发展的状态。权利需要不断地被争取，否则只能停留在纸面上。目前，司法机关对冤假错案的总结和反思持续进行，但在具体、特定的案件中，律师会见难、阅卷难、调查取证难的问题仍未得到彻底解决，被告人的辩护权时有被限制，各地司法机关在适用刑事诉讼法及相关司法解释、证据规定的时候，还有重实体、轻程序的情况。尤其是一些案件中，仍存在用证据的真实性掩盖证据的合法性等问题。应当说，在过去的几十年中，我国的法治建设已取得了重大发展和明显进步，但是，在落实法定权利方面，各地司法机关的做法仍有不小的差异，法律人仍然"任重而道远"。

有很多人都说刑事案件无法进行团队"作战"，刑事辩护不存在"规模效应"，刑辩律师是孤独的行者。但在刑辩律师这个群体当中，还有这样一批人，他们不为名、不为利，只为那些含冤入狱的无辜之人，奔走在那些没有人关注的角落，他们更加"孤独"，更加让人肃然起敬。张玉环案中，先后有多名律师无偿为张玉环提供法律援助，接力代理申诉工作，无论是最终为案件平反的两位辩护律师，还是曾经为此付出过努力的其他律师，都是法治建设进程中的有功之人。

八旬老母为儿申诉　19 年后冤案昭雪

吴丹红　赵德芳

回顾

命案发生在 2001 年，时年 36 岁的杨松发被指控为凶手。

杨松发是河北省沧州市人，当年是天津市大港区中石化四公司三和实业公司的工人。案件材料显示，2001 年 3 月 3 日晚，一位叫刘彩菊的中年妇女在天津郊区遇害，身中数十刀并被抛尸。3 月 16 日，死者尸体被发现，现场还有两对清晰的鞋印。杨松发因曾与刘彩菊交往，被锁定为犯罪嫌疑人。两个月后的 5 月 30 日，警方抓获杨松发。

之后，案件被移送审查起诉，但杨松发在检察机关提讯和法院审理过程中，均不承认自己杀人。

案件

2002 年 7 月 22 日，天津市人民检察院第二分院对杨松发提起公诉。

起诉书指控：2000 年夏季，被告人杨松发通过被害人刘彩菊之兄刘发结识刘彩菊后，二人关系密切，直至同居。

2001 年 3 月 2 日，被告人杨松发从本市大港区光照汽车租赁服务部租用了一辆红色大发汽车。3月3日，杨松发带被害人刘彩菊开车外出，车行至大港区联盟村南青静黄河北岸土道时停车。杨、刘二人下车后，因故发生争吵。在此过程中，被告人杨松发持事先准备好的菜刀朝被害人刘彩菊头部、双臂猛砍，将刘彩菊砍倒后经拖拉抛于青静黄河内，后杨松发逃离现场。2001年3月16日，被害人刘彩菊的尸体被发现并打捞上岸。根据法医鉴定及天津市人民检察院第二分院法医学文证审查意见书对被害人死因所得出的结论，刘彩菊系因失血性休克造成死亡。2001年5月30日，被告人杨松发被抓获归案。

检察院认为：被告人杨松发目无国法，持凶器对被害人要害部位重复、多次击打，致被害人死亡，情节、后果特别严重，构成故意杀人罪。

杨松发被关押后，给母亲写信称遭到刑讯逼供，自己并没有杀人。"没文化光会哭"的杨松发母亲决定为儿子申冤。维权之路漫漫，母亲靠捡破烂维持生活，外出递交材料时，就将杨松发的儿子关在屋内。

2003年10月29日，天津市第二中级人民法院作出判决，判决杨松发死刑缓期二年执行，并于11月21日宣判；天津市人民检察院第二分院于2003年11月27日进行抗诉，杨松发于2003年11月24日提起上诉；天津市高级人民法院于2004年11月28日、2006年4月14日开庭审理该案，并于2007年12月20日作出终审裁定，不支持抗诉意见，并驳回上诉，维持原判。

服刑期间，杨松发坚持申诉，拒绝减刑。2017年，杨松发母亲找到律师吴丹红，吴丹红了解案情后，非常同情，决定为其提供法律援助，免费代理申诉。

吴丹红律师接手申诉后，多次会见、阅卷受阻，通过最高人民法院远程接访，突破原审法院的阻力，最终阅到案卷；通过与杨松发一一比对细节，发现了诸多证据问题：本案存在刑讯逼供的情形，杨松发的有罪供述均不真实；案件存在诸多疑点，如犯罪动机存疑，作案时间、作案凶器均无法确定，现场脚印证明另有其人，DNA鉴定显示没有杨松发的生物检材等情况。本案认定杨松发有罪的事实不清、证据不足，依法不能认定杨松发构成犯罪。

吴丹红与赵德芳律师为杨松发作无罪辩护，其辩护详细理由如下。

本案除了刑讯逼供获得的认罪供述，没有任何客观证据指向申诉人杨松发，证据和证据之间存在矛盾。

一、本案存在刑讯逼供的情形，申诉人的有罪供述均不真实

杨松发第一次询问笔录从 2001 年 5 月 30 日 15:30 至 6 月 1 日 16:10，时长达 49 小时，只作了 15 页讯问笔录；而 2001 年 6 月 18 日 9:05 至当日 18:00，时长 9 小时，却制作了 33 页讯问笔录，简直耐人寻味。杨松发自述其在预审阶段持续遭遇了严重的刑讯逼供，杨松发同监室狱友也提供了相应的书面证言证明其审讯后有伤。

根据杨松发自述，其在被羁押的当天就遭受到了侦查人员的轮番殴打，前前后后共计 6～8 名办案警察对其实施了暴力，逼迫他承认杀害了本案的被害人刘彩菊，只要他不承认就会遭受拳打脚踢，侦查人员甚至将杨松发踹翻在地殴打辱骂。杨松发被侦查人员关在铁笼子里面，除了被殴打，还连续几天几夜不让他睡觉、不给食物。杨松发是在被侦查人员折磨得神志不清的情形下，为了保全性命才虚假地承认实施了杀人行为。原审辩护人曾经提出杨松发第一次被讯问的时间持续了近 49 个小时，中间他没有得到休息，没有充足的饮食，在这种情况下形成的证据，依照规定应予以排除。杨松发遭受刑讯逼供的情况在二审笔录第 3 页、第 5 页有记载，且在二审时原辩护人已经指出他的有罪供述系在遭受殴打、体罚后形成的，依据《刑事诉讼法》第 53 条及最高人民法院《关于办理刑事案件严格排除非法证据若干问题的规定》第 2 条的规定理应排除，不能作为定罪量刑的依据。辩护人认为，本案中的有罪供述并不是杨松发自愿作出的，而是在遭受刑讯逼供的情形下形成的，是办案人员把现场勘查的情形告诉杨松

发，以形成口供和现场勘查表面上的"互相印证"。在时间先后顺序上，先有现场勘查，才有刑讯逼供的口供。杨松发在侦查讯问中有过一次被迫的有罪供述之后，一直翻供，无论是随后的讯问，还是一审、二审，服刑阶段，他都一直说自己没有杀人，宁愿不要减刑也喊冤十几年。

杨松发自述了其遭受的刑讯逼供，他说自己的身体已经到了极限，生不如死，后面就配合侦查人员作了认罪的口供。

二审卷宗第 48 页至第 60 页的说明材料、证人笔录均可以证明杨松发曾经遭受过严重的刑讯逼供。到底是大港分局的侦查人员还是天津市局的办案人员实施的刑讯逼供，杨松发已经无从分辨，何况该案本来就是分局和市局联合办的案件。市局办案人员的讯问过程中，也存在威胁和恐吓，杨松发已经被打怕了，他已经无法判断侦查人员何时会继续对他再进行一顿毒打，只要侦查人员态度凶一点，他就立马按侦查人员的意思供述，或按以前认罪的笔录进行供述，这属于重复性供述。这些笔录中很多内容与事实是不符的。比如，杨松发 6 月 13 日、6 月 14 日、6 月 15 日的供述，均提到自己首先朝刘彩菊背部砍了几刀，但是尸检报告显示被害人背部没有刀伤。被告人为何会作出这种虚假供述？庭前会议中，检察员认为杨松发的前三份笔录合法性存疑，建议不作为定案依据，但忽视了后几份笔录是在此前刑讯逼供的阴影下作出的，重复性供述也应当排除。

杨松发杀人案最为直接的证据就是杨松发供述自己杀害了被害人，但其在一审庭审中说遭遇了刑讯逼供并否认了犯罪行为。且杨松发前后的多次供述中充满了矛盾，相互矛盾的原因是有罪供述都是虚假的，没有亲历的事情、编造的故事很难自圆其说。依据《刑事诉讼法》第 46 条的规定，"对一切案件的判处都要重证据，重调查研究，不轻信口供。只有被告人供述没有其他证据的，不能认定被告人有罪和处以刑罚，没有被告人供述，证据充分确定的，可以认定被告人有罪和处以刑罚。"《刑诉法司法解释》第 61 条也规定，"严禁以非法的方法收集证据，凡经查证确实属于采用刑讯逼供或者威胁、引诱、欺骗等非法的方法取得的证人证言、被告人陈述、被告人供述，不能作为定案的根据。"根据 2017 年 6 月 27 日最高人民法院《关于办理刑事案件严格排除非法证据若干问题的规定》第 1 条、第 2 条、第 3 条、第 6 条、第 40 条、第 41 条的规定，杨松发存在被刑讯逼供的情形，其自述杀人的口供应该依法排除。因而这些供词不能作为认定杨松发实施犯罪的定案根据。

此外，二审判决书记载杨松发被刑拘时承认过杀人，这是断章取义，这是杨松发在初次入看守所时，看守所里面的"号长"（管理新收押人员的犯罪嫌疑人）要登记每一个新来的嫌疑人的所触犯罪名，在杨松发报告罪名时，说到自己是因为涉嫌故意杀人罪被抓的，但他也辩解自己没有杀人。结果号长为了立功减刑作证说，杨松发在看守所里承认自己是故意杀人。涉嫌什么罪名，跟承认什么罪名，完全是两个概念。对于这种非常明显的伪证，法院非但没有识破，反而作为定罪的证据使用，这是非常错误的。证人马荣国、赵恩义关于杨松发说过杀人如杀鸡的证言只能说明杨松发狂言妄语，且没有区分语言坏境，属于断章取义，并不能作为说明杨松发实施犯罪的证据，杨松发对此也予以否认。

二、本案存在的疑点，造成实质性的合理怀疑

（一）犯罪动机存疑

天津市第二中级人民法院《刑事判决书》直接认定被告人杨松发在被害人刘彩菊提出结婚后，为摆脱刘彩菊遂产生杀害刘彩菊的动机，这是不符合常情的。

2000 年 3 月杨松发与妻子离婚。2000 年夏天，通过刘彩菊的哥哥刘发介绍，杨松发为刘彩菊拉货，后来二人关系密切。2001 年 1 月至 2 月期间，杨松发认识了林志荣并同居。2001 年 3 月 16 日，刘彩菊尸体被发现，尸检鉴定书及现场照片显示其额部、左颞顶部、头顶正中、前额正中等处共计有砍创 15 处，右腕尺侧，右肘等处共有 9 处大小深浅不等的创口。这

是怎样的深仇大恨，才会令行为人如此残忍地对被害人施暴？

在案证据表明，杨松发和刘彩菊相识不到半年，2000年年底前是和平分手的，从未发生过激烈的争吵，也没有谈婚论嫁。杨松发即使与刘彩菊性情不合，分手后又有新的女朋友，也没有任何证据显示刘彩菊和杨松发有过纠缠，更不可能产生杀人的动机。刘彩菊被追砍二十多刀最终致死，这种杀人的手段是极其残忍和暴虐的，但杨松发和刘彩菊之间没有深仇大恨，不至于为了摆脱前女友而砍杀其二十多刀，因为当时两人早已不再联系。法院认为杨松发为摆脱刘彩菊的纠缠，而将其杀死，纯属主观推测，没有任何客观证据。仅仅凭借枕头就认定要结婚，太过于荒谬。刘彩菊与杨松发只是姘居关系，多位证人证言都没有提到他们有结婚的意思。枕头是废料做的，也不可能用于结婚。

刘彩云、瞿凤、胡丽华、林志荣都曾在证言中提过，刘彩菊性格外向，交际广泛，与社会上的许多人都有来往。而在侦查过程中，办案人员仅仅排查了与刘彩菊较为密切的社会关系，没有考虑可能并非十分熟悉的人作案的可能。刘彩菊社会关系复杂，交往的男性朋友较多，刘彩云在证言中陈述刘彩菊失踪后，刘彩云在刘彩菊的店里，发现柜子上的蓝色电话本中通讯录被撕掉了一页。关于这页被撕掉的通讯录，侦查机关并没有展开详细调查。2001年2月份时，刘彩云又看到刘彩菊眼睛红，刘彩菊说被人打了。刘彩菊为何与人起争执并被拳打脚踢？这样殴打一个女人的人，是否可能正是以残暴手法砍杀刘彩菊的凶手呢？

根据刘彩菊其母迟贵芝2001年5月14日的证言，刘彩菊3月初失踪之前曾向她借钱。杨文英2001年6月21日的笔录也提到，2001年3月份，刘彩菊找她借3万元钱，说要在七区盘个店，要开美容院。再结合刘彩云、刘彩凤、李晋京、牛翠珍等其他证人的证言，基本可以认定，刘彩菊在失踪前为了开美容院或者做大生意，曾向周围很多亲戚、朋友借钱，并且在案发前告诉亲友，她要出去一趟。很显然，是有人邀请她参与一项生意或者投资，而且可能还有一定的风险性，因为对具体的内容，刘彩菊一直讳莫如深，甚至提到"有可能要坐牢"。那么，这些钱到哪里去了？抓获杨松发后，为什么没有起获这些钱款？甚至连刘彩菊的去向都没有问？

刘彩菊曾多次借钱，不排除被谋财害命的可能性。刘彩菊曾向刘福、刘彩云、刘彩凤、男友李晋京及朋友牛翠珍借过钱，并称借钱是为了给杨松发买新车开或开新美容院，数目在 2000 元至 10000 元不等。但刘彩菊也找杨松发借了 2000 元，可见其所谓的借钱给杨松发买新车的说法也不一定为实，这笔钱财或许另有用途。

刘彩菊有自己的美容美发店，生活稳定，没有别的债务情况，为何 2 至 3 月份期间频繁向亲友借钱？5 月 12 日，刘发在报案笔录中提到，刘彩菊 3 月初也跟她借了几千块钱，说外出做买卖，出去一段时间，没事别跟她联系。之后就走了，走时身上有 10000 元左右，且身上携带了传呼机。可见刘彩菊对该笔资金有自己的打算和用途，那么最终刘彩菊借的钱流向何方？本案并没有展开侦查。

本案侦查机关应该调查刘彩菊的金钱交易动向，调查其是否与什么人有投资借贷等来往，由此可以扩大嫌疑人的范围，而不是仅将杨松发列为最大嫌疑人，进而强行认定其有罪。

根据证人林志荣 2001 年 6 月 26 日的证言来看，杨松发在 2001 年 2 月底 3 月初已经和林志荣交往了，杨松发是想跟林志荣重新组成家庭。杨松发跟前妻早已不可能再复合，这个根据其前妻的陈述就可以得知。所以，杨松发口供中所称的"怕她告诉我前妻所以杀了她"的动机显然是不成立的。能证明其动机的，除了杨松发的口供和证人的猜测，没有任何其他证据。

刘彩菊在生前除了与杨松发交往，还交往了几个其他男性，甚至跟其前夫也存在争执，会不会是其他人因为跟刘彩菊的矛盾，产生了杀人动机？警方调查的时候，没有逐一排除，尤其是刘彩菊的前夫，连调查笔录都没有。

判决书里的这些理由如果成立，也即其犯罪动机如此卑劣，手段如此残忍，后果如此严重，那不论一审二审都应该判处杨松发死刑立即执行，而不应该以所谓的"鉴于本案的具体情节"而判处死缓。

（二）作案时间无法确定

据杨松发自述，他是在被刑事羁押后才知道刘彩菊遇害的消息的。公安机关认定的案发当晚，杨松发在母亲家陪孩子写作业，然后又陪孩子练了一会儿琴，后来又和朋友在外面吃了烧烤，再后来又去了女友林志荣的家里。之所以记得如此清楚，因为那天是 3 月 3 日，林志荣开玩笑说今天是南方的一个少数民族节日，再过几天就是妇女节了，还向杨松发要礼物，杨松发就送了她一枚景泰蓝的戒指。有不少证人和知情者可以证明杨松发案发时间不在现场，遗憾的是，办理本案的公检法机构均不听杨松发的辩解，也没有向知情人核实上述情况。

（三）关于凶器无法确定

被害人姐姐刘彩凤证明，其家中原本有两把菜刀，但自从刘彩菊失踪后，家中丢了一把菜刀，在没有找到该"凶器"的情况下法院直接凭杨松发的"供述"认定该菜刀就是凶器。试想，假如杨松发真有杀人动机，他怎么会犯这样明显的错误：直接到被害人姐姐家中偷取凶器？这岂不是故意引起侦查机关的注意吗？毕竟家里的菜刀一般只有关系较为密切或能够进家的人才能获取。

而且，刘彩凤丢失的菜刀与杨松发承认杀人时描述的刀型不一样。刘彩凤家里丢失的菜刀是带有锯齿形，前部有圆孔的黑色塑料把菜刀，而杨松发供述的菜刀是黄色木把普通菜刀。

此外，菜刀的另一种来源也被否定。大港油田山珍火锅店老板解曼丽，没指认出侦查人员出示的照片上一男一女来店里吃过饭，而且说 3 月份店里没有丢过菜刀。如此重大的矛盾，原审却没有予以重视。

综上所述，本案中没有找到任何凶器。因此，办案人员一直都是靠口供认定不一定存在的物证。菜刀的长度一般是 15cm 到 30cm，我特意量了一下我家菜刀的长度，切菜用的普通菜刀，整体长度为 28cm，刀刃长度为 18cm。而本案中凶手大力砍杀被害人，很多创口深达骨质，但最长的伤口是 9.4cm，也就是说，实际伤口的长度跟描述中的凶器刃口的长度差了几乎一倍。以普通菜刀的刃口以及力度，几乎不会造成本案死者这样的伤口。因此，鉴定意见中所说的"长刃锐器"不一定就是菜刀，而有可能是其他势大力沉的凶器，该处合理怀疑没有排除。

此外，案发现场存在一个土坑，用于挖土的工具到底是不是铁铲也无法确定，而且始终没有找到。既然从未提取到铁铲，租车老板也表示不知道杨松发的车里有没有铁铲，在案证据无法相互印证，不排除其他人作案的可能。

（四）租车谜团重重

光明车机动服务部的左风新分别有两次证言，一次在 6 月 3 日，一次在 7 月 24 日。第一次证言中左新风提到，杨松发 3 月份曾在此租过两次车，对具体租车情况记忆模糊，可能是中意面包车也可能是红色华丽面包车。但他当时能确定自家的车是三辆华丽，两辆夏利，一辆中意，一共六辆，其中并没有大发。作为老板而言，这些信息是不可能记错的，而且警方也可以现场核实其真实性。

而在相隔一个多月的第二次证言中，证人却说自己提供出租的车有两辆华丽、一辆大发、一辆中意，还有夏利和桑塔纳，数量和车型都变了，最大的变化是增加了一辆大发。证人在此前模糊的记忆下，一个多月后竟然清晰地说杨松发在 3 月 2 日租的车为红色大发面包车，且时间精确到当日下午 5 点，说杨松发本来 3 月 3 日还车，结果等到 3 月 4 日才还。杨松发在二审法院供述其租车都是当天租，当天还，不可能头天租第二天还，而且其认罪供述中说租车费共计 100 元，与左风新说的也不一样。左风新说，租车是 100 元一天，给杨松发优惠是 80 元一天，也就是说，租金应该是 160 元或者 240 元，不可能是 100 元。按常理说，人的记忆只会越来越模糊，而不会越来越清晰。为何左风新第一次记不清的事情在相隔近两个月后，记忆忽然清晰了？而且增添了第一次证言没有的详细具体的还车时间？杨松发在被刑讯逼供的讯问笔录中提到，自己3月2日时先租的是一辆银白色的中意高顶面包车，后3月3日换成了一辆红色大发面包车，这与左风新的证言是矛盾的。

如果是杨松发使用该大发面包车作案，乱刀砍死被害人，并对其尸体进行拖曳，必然会在其身上、鞋底、车内留下血迹、泥土。但是该租车老板为什么没发现？租车老板明确表示在车内没有发现任何异常情况，也没有发现任何可疑物品、痕迹和可疑的情况，反而佐证了该车并不是犯罪嫌疑人往返犯罪现场的工具。如果真的存在这样一辆大发面包车，侦查机关为何不勘验、提取所租车上的残留物、残留痕迹进行鉴定？即使按照证人所说，大发车已经卖了，但作为固定型号的车，其轮胎印肯定是一样的。我们从案发现场的照片看到，现场有明显的轮胎印，根据侦查卷3第19现场照片，有车辙痕迹，或许就是凶手当时留下的，但办案人员却连这么重要的证据也没有提取，没有比对。否则，按照轮胎印，也可以印证或者排除口供中说的大发车。

（五）现场脚印证明另有其人

现场勘验笔录中记录，现场发现了两对足迹，一是26cm（42码）的旅游鞋，二是21cm（32码）的平底皮鞋。在拖拉痕迹两侧的脚印是26cm的旅游鞋。杨松发前妻刘征的证言可以证明杨松发鞋码为38—39，他有两双旅游鞋。既然侦查机关认为现场脚印是杨松发的，为什么不就杨松发穿的鞋子的花纹和现场脚印的花纹进行比对？杨松发鞋码长度应该为24cm，与现场两对脚印都对不上。穿26cm（42码）的旅游鞋显然是成年男性，而21cm（32码）的脚印，却未必是被害人刘彩菊的，因为成年女性的脚印通常是23cm至24cm，办案人员没有把现场脚印跟刘彩菊生前的足印进行对比，甚至连足长都没有测量。哪怕问一下刘彩菊的家人，也可以印证其鞋码是多大的，以印证或者排除现场的另一对足印。根据杨松发供述，刘彩菊穿的是高跟鞋，与现场的平底皮鞋印也不符。因此，无法排除该21cm（32码）脚印属于未成年人。刘彩菊当时有个十岁的女儿，脚印大小应该正好符合这个尺寸，但不论是对其前夫还是女儿，侦查机关都没有任何调查。

此外，从现场勘查可以发现，第一处血迹附近有两趟脚印，到了第三处，只有一趟脚印了。也就是说，当时小的脚印的主人并没有跟过来，所以是26cm（42码）脚印的主人自己一人拖行尸体，这更佐证了前处脚印可能是未成年人的。除了凶手，另一对脚印属于谁？案发现场是否另有其人？现场指认程序还存在其他问题：指认之前没让杨松发吃东西、没让他休息，还让杨松发穿了一双很大的鞋子，这样的指认程序不具有可采性。

此外，根据现场勘验报告，在第三处血痕附近的脚印旁边，有一处5米的拖拉痕迹。杨松发在讯问中描述的杀人经过，他称想把尸体扔进河里，拖了十多米之后，觉得太沉休息了一会又拖了20米。也就是说，他拖行了大约30米，这与现场勘查的5米差距太大。

（六）传呼台的重要证据没有调取

在2001年案发前后，刘彩菊有一台摩托罗拉汉显的传呼机，这也是那个年代联络的主要工具。在案发现场，我们看到的除了传呼机的链条，就是传呼机的电池。很显然，凶手拿走了传呼机。拿走传呼机的目的，应该是在案发前刘彩菊跟凶手有过联络，所以传呼机上留有痕迹。但当年的传呼机，都是通过服务台中转的，打传呼实际上是打给服务台，然后通过人工接线员，把内容发到机主的传呼机上，因此服务台肯定是有中转信息留存的。即使拿走了传呼机，服务台的记录也不可能在短时间内抹去。但办案人员却忽略了如此重要的线索，没有调查刘彩菊中文传呼机的服务台。否则凭借这种客观证据是有可能揪出当年真凶的。

（七）死亡时间无法认定

在没有被害人尸体鉴定报告的情形下，一审法院仅仅根据被害人的离家时间和现场发现尸体的时间确定被害人死亡的时间是 2001 年 3 月 3 晚 8 点至 3 月 4 日上午，进而推定杨松发有作案时间，这是不严谨的。被告人供述的作案时间，一改再改，5 月 30 日供述的是 3 月 8 日之后几天，6 月 1 日供述的是 3 月 8 日之前两三天，最后才一步步接近侦查人员认定的 3 月 3 日，这明显是按照尸检报告，按照侦查人员的暗示一步步修改的。一个承认杀人的犯罪嫌疑人，连杀人都承认了，没有必要在犯罪时间上屡次撒谎，这种更改应该是被刑讯逼供之后在侦查人员的暗示下进行的。

尸检报告并未对刘彩菊的胃部容物进行检验，胃部容物检验是确定死亡时间比较精准的一种方式。案卷中确定其死亡时间的证据都是证人的推测，唯一的证据是 2001 年 3 月 3 日下午刘彩菊去医院开的处方药奋乃静。也就是说，她至少在 3 月 3 日下午还活着。那么，治疗精神分裂症的 200 片奋乃静是为谁开的呢？刘彩菊的亲友并没有关于刘彩菊患有精神分裂症的说法，认识杨松发的人也没有提到杨松发患有精神分裂症，那么这些药非常有可能是给那个在刘彩菊临死前找她出去的人开的。这个人不可能是杨松发和刘彩菊，肯定是另有其人。

（八）报案时间和尸检报告均造假

刘彩菊是 2001 年 3 月初失踪的，但其家人并未报案，其尸体在 3 月 16 日被发现的时候，属于"无名女尸"。刘发是在 2001 年 5 月 12 日报案的，而且刘发和刘福的辨认都发生在 5 月 12 日，当时对尸体的描述还是"无名女尸"。也就是说，从 3 月 16 日发现尸体到 5 月 12 日，根本没有确定死者身份。那么卷宗中天津市公安局给刘发的字（001）号《告知书》就是伪造的，时间往前倒签了两个月。这个地方不可能是笔误，因为正文部分和落款部分都是写的"2001 年 3 月 12 日"。3 月 16 日的尸体检验报告标题和结论处居然写着刘彩菊的名字，而当时并未发现尸源，可见这份穿越时空的尸体检验报告也是造假的。

（九）DNA鉴定显示没有杨松发的生物检材

杨松发身高仅160cm，身材瘦小，被害人身高150cm且体态较胖。被害人受到攻击，一定会全力反抗，而且其手臂上的伤，均为抵抗伤，背部没有伤，说明是正面发生激烈的冲突，从三处血痕来看，至少不是一刀致命，而且不存在追砍，而是近身搏斗。杨松发如何在自身无伤的情况下砍杀被害人，再拖行尸体沉河，并在现场未留下任何个人DNA痕迹？根据侦查卷，被告人明确提到被害人用左手抓他的脸，还用刀砍他的手臂，双方在现场有过激烈打斗。长达两个小时的打斗，杨松发身上一点痕迹和微量物证都没留下，这是很不正常的。现场必定会留下凶手的头发，受害人的指甲中也必定会留下凶手的皮屑等生物检材，但是本案未对被害人指甲缝中残留物进行检验。如果说，公安部做DNA鉴定时的2001年3月27日和2001年3月30日尚未抓获杨松发，无法进行比对，但在5月30日后为何不进一步做DNA比对？还是说，经比对，根本没有杨松发的生物检材？

一个正常人每天大概会掉50根左右的头发，但是本案现场经过数次勘查居然没有发现一星半点的类似微量证据。根据原审判决书认定的事实，杨松发是驾驶着租来的车辆将被害人拉至大港区联盟村南青静黄河北岸后，经过激烈搏斗将其杀害的。如果杨松发是凶手，在犯罪现场不可能不留下有其特征的指纹、血迹、皮肤纤维组织、毛发等任何的微量物证，现场也不可能没有任何生物检材可以与其相关联。也就是说，杨松发可能根本没去过案发现场！

（十）关于刘彩菊衣服的描述不合常理

在2001年6月18日杨松发的讯问笔录中，当被问到"起床时刘彩菊穿的什么衣服"时，杨松发明确说出了刘彩菊穿着"黑色秋衣、深蓝色坎肩、里面是白色乳罩，下身穿白色秋裤、黑色毛裤，里面是粉红裤衩，外面是黑色裤子，黑色高跟皮鞋"。正常情况下，没有人会在起床后如此关注女朋友从里到外的穿着且特意去记忆这些穿着，而且据杨松发供述，当晚两人并未发生性关系。时间也已经过去了2个多月,杨松发却对刘彩菊当时的全部穿着,观察如此详细,回忆如此清晰,甚至连秋裤、毛裤甚至内裤的颜色都记得清楚,十分违背常理。试问我们自己能准确记得2个月前自己穿的所有衣服的特征吗?

(十一)关于芳豪美食苑喝酒之事纯属编造

芳豪美食苑是杨松发供述当晚与被害人吃饭的地方,公安局出具了情况说明,但是该情况说明有篡改痕迹,公安疑似将一月(份)前,改成一个月之前,多了一个"个"字。如果是一月前,则杨松发和被害人不可能在那吃饭。杨松发多次供述,在杀人前与被害人吃饭的时候,喝了一斤白酒,一瓶啤酒,如果是酒后激情杀人,则不会提前盗窃菜刀。如果是预谋杀人,在杀人前喝这么多酒也不合常理,正常人喝一斤白酒已经醉倒,能不能继续开车都是问题。而且其供述表示被害人也喝了一斤多白酒,一瓶啤酒,但是尸体解剖却没有发现刘彩菊有任何死前饮酒的痕迹。

(十二)指认现场

杨松发辩解自己是在2001年5月26日被抓获,5月30日去辨认的现场,6月2日没有进出过看守所。但根据公安机关记录得知,杨松发是于2001年5月30日被抓获的,辨认犯罪现场笔录时间是2001年6月2日,没写明具体时间,也没有杨松发的签字,杨松发自述当日一直在天津大港看守所,从未出过看守所的大门。那么杨松发是何时去指认的现场?为何没有记载具体时间?是记录错误还是另有蹊跷?且6月2日的上午、下午在案卷里有两份杨松发的笔录,杨松发根本没有时间去指认所谓的现场。在庭前会议中,检察员也认为无法确定指认现场的时间,故该证据不可采信。

此外,杨松发供述去窦庄子找窦太华借钱的时候路过案发现场,所以知道(侦查卷3第120),但是侦查卷2第176页窦华太询问笔录显示,其住址是天津市大港区板厂路建安里28-3-101,而且窦华太的询问笔录记载，"春节前半个月就没有见过杨松发，三月更不可能，杨松发知道我没钱，也从来不找我借钱，我只有这一个住所，在窦庄子没有住所。杨松发也没有和我去过窦庄子"。后来，杨松发翻供时说是侦查人员逼他这样说的，只有这样他才可能去过案发现场。

（十三）关于贿赂无中生有

大港分局办案民警赵刚、刘庆杰证实，2001 年 5 月 30 日被告人向其打探证据掌握情况，并承诺如将证据销毁，给予赵刚 25 万作为贿款，杨松发只是一个普通的工人，家庭经济情况并不富裕，兼职开出租车，当时的月收入也就是 1000 多元，存款不会超过 1 万元，可以说 25 万元在当时对于全中国绝大多数老百姓而言都是个天文数字，在天津可以买一套房，其何来该笔巨资贿赂？

三、本案属于事实不清证据不足的案件，应宣告无罪

刑事案件证据确实、充分须同时满足的条件是，定罪量刑的事实都有证据证明、据以定案的证据均经法定程序查证属实，综合全案证据，对所认定事实已排除合理怀疑。

本案虽然有很多证人证言，但这些证人证言并不能直接证明杨松发具有杀害刘彩菊的故意，即使加上书证、物证也不能证明杨松发就是实施了本次犯罪的凶手，本案仍然存在诸多不确定因素。主观方面，杨松发没有杀害刘彩菊的主观动机；客观方面，除杨松发个人陈述的供词应作为非法证据排除外，证人证言充其量只能证明被害人刘彩菊是他杀的事实、杨松发个人生活不太检点，并没有直接证据可以证明杨松发实施了杀人行为。一审法院匆匆结案，认定杨松发就是杀人凶手，作出了错误的判决，二审法院也将错就错，是对法律的伤害，对公正的破坏，对杨松发的身心与人生都造成了极大的恶劣影响。

　　一个冤案错案毁掉了杨松发的一生。杨松发被抓时只有35岁，现在时间已经过去19年，其已经从一个青年人逐渐变成老年人，其被抓时孩子还在读小学，在孩子最需要父爱的时候，他却被关进监狱，不能尽到抚养孩子的义务。其母亲杨宝兰女士是一位伟大的妈妈，十几年间她无数次往返北京与天津，坚持为儿子申诉，期间的艰辛可想而知。她睡过公厕、睡过车站、睡过地下通道。庆幸的是，老人的坚持有了结果，终于等到了再审开庭审理的机会，可怜天下父母心，老人已近80岁的高龄，身体也不是很好，其最大的愿望就是在有生之年，看到自己的儿子杨松发带着清白之身无罪归来。

　　综上所述，根据杨松发的供述和在案证据，不能确实、充分地证实杨松发实施了杀害刘彩菊的犯罪行为。我们认为，本案没有杨松发实施犯罪的客观证据，没有达到排除合理怀疑的证明标准，据以定案的证据没有形成完整链条，没有达到证据确实、充分的法定证明标准，也没有达到基本事实清楚、基本证据确凿的定罪要求。

　　2018年12月25日，最高人民法院认为该案事实不清、主要证据存在矛盾，指定天津市高级人民法院对该案进行再审，天津市高级人民法院于2020年9月24日依法对该案进行公开审理，2020年12月17日依法判决杨松发无罪，当庭释放。

　　此时，杨松发的母亲已经78岁高龄，得知无罪结果后，她痛哭流涕。

　　针对杨松发的辩解及其辩护人的辩护意见和天津市人民检察院的意见，根据再审查明的事实和证据，依照相关法律规定，天津市高级人民法院综合评判如下。

　　第一，本案未提取到能够证明杨松发作案的客观证据。案发后，侦查机关从案发现场对相关物证、痕迹进行了提取，并对被害人刘彩菊的尸体进行了检验，均未发现与杨松发存在关联的客观性证据。

　　一是对于侦查机关从案发现场尸体附近草丛、河床上提取的血迹和毛发，经鉴定，血迹均系刘彩菊所留，毛发则未检出结果，均不能证明与杨松发有关联。

二是对于侦查机关从案发现场提取的 26cm 长的旅游鞋足迹和 21cm 长的皮鞋足迹，因未提取到案发时杨松发、刘彩菊所穿鞋物，无法做同一性认定，不能证明现场足迹系杨松发所留。

三是经法医检验，未从刘彩菊的尸体上发现或者提取到与杨松发有关联的证据。

四是据杨松发供述，其在杀害刘彩菊后，将刘彩菊的传呼机、黑色高跟鞋丢弃于作案现场的河中，将作案工具菜刀、铁锹及刘彩菊的防寒服等物品丢弃于津歧公路炼油厂附近，将其作案时所穿的旅游鞋、防寒服、裤子等物品丢弃于大港电厂附近。但案发后侦查机关未从上述地点提取到相关物证。

第二，杨松发所作有罪供述的真实性存疑，且存在杨松发指认现场的笔录无本人签字、指认现场的录像录制不连贯等无法补正的重大证据瑕疵，前述证据均不能作为认定杨松发有罪的根据。杨松发归案后虽多次供述杀害了刘彩菊，但其自侦查阶段的后期开始辩称没有作案，且经比对，其此前的有罪供述与在案其他证据存在诸多矛盾。

一是关于作案时间。据杨松发供述，2001 年 3 月 3 日中午 12 时许，刘彩菊独自出门买菜约半小时；当日下午，刘彩菊去其母迟桂芝家约半小时，杨松发在楼下等候，其余时间二人均在一起；当晚 7 时 30 分左右，其将刘彩菊杀害。但刘彩菊母亲迟桂芝、姐姐刘彩凤和医生杨文英等证人的证言及门诊收据、处方等书证显示，当日 13 时至 15 时，刘彩菊陪同刘彩凤去医院就医，且当晚七八点时刘彩菊还去过迟桂芝家。此外，尸体检验鉴定意见亦未能确定刘彩菊死亡的具体时间。

二是关于作案工具。据杨松发供述，其杀害刘彩菊所用的作案工具系此前从刘彩凤家厨房拿走的一把黄色木把菜刀，但刘彩凤证称，其家中丢失的是一把黑色塑料把菜刀。此外，杨松发供称，其砍倒刘彩菊后，曾从租赁的红色大发汽车内拿出车内存放的一把铁锹，试图挖坑掩埋刘彩菊；

但左凤新证称，其租给杨松发的红色大发汽车内并没有放置铁锹。

三是关于被害人的伤情。据杨松发供述，案发当晚刘彩菊曾持刀自残，后杨松发夺过菜刀，在双方争执中持刀朝刘彩菊的头部、背部和双臂猛砍数刀。但尸体检验鉴定意见证明，刘彩菊背部没有创口，且刘彩菊所受伤害均系他人所致。

法院认为，证据是刑事诉讼的核心，证据裁判是严格、公正司法的基石，认定案件事实，必须以证据为根据。本案无任何客观性证据指向杨松发作案；原判认定杨松发有罪的主要根据是其曾经作出的有罪供述，但其自侦查阶段后期即否认作案，且其有罪供述与证人证言、尸体检验鉴定意见等证据存在诸多矛盾，真实性存疑；杨松发指认现场的笔录及录像存在无法补正的重大瑕疵，故本案认定杨松发杀害刘彩菊的证据没有形成完整的证据体系，没有达到证据确实、充分的法定证明标准。原判认定杨松发犯故意杀人罪的事实不清、证据不足，不能认定杨松发有罪。对于杨松发及其辩护人和天津市人民检察院提出的改判杨松发无罪的意见，法院予以采纳。经法院审判委员会讨论决定，依照《刑事诉讼法》第 256 条第 1 款和《刑诉法司法解释》第 389 条第 2 款之规定，判决如下：

1. 撤销（2003）津高刑一终字第 116 号刑事裁定和天津市第二中级人民法院（2002）二中刑初字第 132 号刑事判决。

2. 原审被告人杨松发无罪。

📝 律师手记

正义的力量终会破茧而出

吴丹红

我依然记得 2017 年初，杨松发年近八旬的母亲拄着拐杖颤颤巍巍地找到我，含着泪希望我接受杨松发案申诉时，我跟她说，这个案件确实有冤情，放心吧，我不收律师费了，我会尽最大努力。

以后，我们团队多少次奔波于北京和天津之间，再苦再累也没有抱怨过，多次会见受阻、阅卷受阻，也没有退缩过。

我们接手该案，经认真研究有限的材料后，认为杨松发不是真正的杀人凶手。我们决定为其做无罪的申诉。初次会见杨松发后，我们更加坚信他是无罪的。

接着就是尽快撰写申诉材料。我们根据有限的案卷材料，尽快起草了申诉材料。尽早争取会见并核对细节。经过多方坚持不懈的协调，我们会见了杨松发，与其一一核对案件情况并让其确认申诉材料。我们又及时将申诉状提交到最高院，并争取尽快与具体负责法官约见，尽快阅到全部案卷。在最高院接访后，我们在最高院法官的协调下，阅到了一审的审判卷。接到决定再审的通知后，我们阅到了全部的案卷，包括侦查卷。之后，我们积极地研究全部卷宗，为开庭做好准备。

同样辛苦的还有我最得力的助理、亲密的战友赵德芳律师。从最初邀请他加入会见，到后来的阅卷、写申诉状、开庭，没有一分钱报酬，可他从无怨言，并且全力以赴。从他身上可以看到辩护律师专业、敬业的精神和百折不挠的毅力。若有幸获得这份荣誉，赵律师自然功不可没。虽然我没有当面跟他说过感谢的话，但我内心深处是认同并感激他的。

杨松发的母亲比我们辛苦多了，她拖着贫病之躯，奔走了十几年，靠捡垃圾维持生活。她申诉、上访的路上睡过火车站、住过桥洞。

我的主业是教学科研，刑辩只是我的专业热爱，是连接理论与实践的桥梁。所以，以后若再遇到杨松发案这样的冤案，我还是会义无反顾，因为艰辛而又充满希望的申诉之路，能让我体会到法律人的使命。

我时常感慨，但凡这条流水线上有一个环节有人严谨把关，认真审查，这个毫无任何客观证据的案件也不会毁掉一个年轻人近二十年的青春。

我要感谢这个体制内正义的力量。那位在视频接访中当着原审法院法官的面义正词严地要求他们配合我们阅卷的最高人民法院法官，甚至至今我都不知道她叫什么名字；还有那些在我们多次往返法院的过程中一直默默给予我们帮助的人；还有在天津经常义务接送我们的老郭，请我们吃饭的热心网友；以及无数位一路上陪我们走来的不具名的好人。他们始终相信，正义的力量会破茧而出。

四年前，从第一次在监狱见到杨松发起，我就知道他是被冤枉的。十余年来，他从不要求减刑，只说自己没有杀人。没有杀人动机，没有作案时间，作案工具不对，作案细节不合，现场没有任何生物检材能指向他。但长时间的羁押，让一个风华正茂的年轻人，变成了枯瘦的小老头。当时刚上小学的儿子，如今已经年届而立，当时谈的女朋友早已撒手人寰，独自把自己抚养成人的母亲，也是风烛残年……

但杨松发从来没有放弃过信念。除了第一次见面的大哭，他此后坚定地信任律师。他陈述清晰，表述稳定，把十余年的冤枉与委屈，都化成配合我们申诉的动力，并经受了最严苛的考验。要让一个服刑多年的人无罪出狱，很难。所以在最高人民法院决定再审后，我们又等了近两年。

还是要感谢天津市人民检察院，以及天津市高院，毕竟有错必纠也需要勇气。当出庭的三位年轻检察官不仅完全同意我们的辩护意见，还补充认为该案证据严重不足时，我还是情不自禁地佩服他们。当再审法官一次次不厌其烦地跟我们沟通，并最终作出无罪判决时，我还是忍不住流下激动的泪水。

前段时间，当杨松发母子最终决定来北京时，杨松发又因为病重要做手术住院了。我问杨松发儿子，是否给杨松发做一个全面的体检，看看关押这十九年多，他身体糟糕到什么程度了。他儿子说没钱。我问需要多少，我可以先借你们看病，他婉拒了。我真心希望他能早日康复，早日出院。我也希望，在国家赔偿落实之前，有关部门真正关心一下贫病交加的杨松发。

这个案件的办理过程有太多的苦，太多的悲愤，太多的辛酸。杨松发和他的母亲坚持了 19 年，我们接手后坚持了 3 年 7 个月，好在最终结果还是让人欣慰的。

评议

从杨松发案的再审过程来看，本案是最高人民法院启动的再审程序。根据法定的申诉程序，被告人可以向作出生效裁判的人民法院提出申诉，可以向上级人民法院申诉，同时也可以向相应的检察机关申诉。从司法机关的角度看，本院院长可以就本院的案件提交审委会，上级法院对下级法院审理的案件可以指令再审，检察机关也可以对同级和下级法院的生效裁判提起抗诉。然而，回顾目前被再审改判无罪的案件，大部分是最高院直接决定再审，或者因最高人民检察院抗诉或发出检察建议而再审的。可见，相较于两高，地方司法机关缺少足够的动力提起再审。如果再审的提起全部由两高来把握，一方面不利于错案的及时平反，极大提高了案件推动的门槛；另一方面，如前所述，错案的改判就变得不具有制度性，而具有高度的偶然性。这使得关于地方司法机关启动再审程序的规定被搁置，制度缺乏有效运转。

从杨松发案件来看，辩护律师直接为案件带来转机。辩护律师介入前，该案甚至没有完整的案卷。律师介入后，通过最高人民法院远程接访，突破原审法院的阻力，成功阅卷，在提交申诉意见后才促成再审程序的启动。该案尤其值得一提的是，律师发表的辩护意见在措辞和论证上都非常专业，以至于判决书在一些重要的表述上直接使用了辩护意见的内容。比如，辩护律师提到的一个重要意见，即"本案无任何客观性证据指向原审被告人杨松发作案，原判认定杨松发有罪的主要根据是其曾经作出的有罪供述，但其自侦查阶段后期即否认作案"。综合来看，正是由于律师极为专业的辩护，才促成案件最终获得无罪判决。